W0313653

# Cahier d'activités féministe

## ET AUTRES JEUX POLITIQUEMENT INCORRECTS

SABRINA ERIN GIN ET MATHILDE

Tes matières préférées sous le prisme féministe • Des pages focus audacieuses • Ton horoscope flamboyant • Des true crime palpitants • Des conseils de dating enflammés • Des tests décomplexés et plein d'autres jeux exaltants!

Hugo Image

# On ne peut plus rien dire

**«Aujourd'hui, on peut plus rien dire!» T'as déjà entendu ça? Eh oui, face au progressisme, certain·es adorent crier à la censure. Il nous semble pourtant que la censure ne frappe pas trop les réac'... Pour chaque proposition, entoure si c'est censuré ou non en France.**

**1**
L'écriture inclusive

**2**
Les saluts nazis dans les manifestations d'ultra-droite devant le Panthéon

**3**
Les robes longues à l'école, quand elles sont portées par des filles racisées

**4**
Traiter Gérald Darmanin de violeur

**5**
Être diffusé à l'antenne malgré des accusations

**6**
Dire, à la télé, que les immigré·es sont responsables du problème de l'épidémie de punaises de lit dans le pays

**7**
Un livre, destiné aux ados, parlant de sexualité et dénonçant la culture du viol

**8**
Des BD représentant des scènes pédocriminelles sur des enfants de 8 à 14 ans

CENSURÉ
PAS CENSURÉ

**Réponses:** 1. Censuré par le Sénat / 2. Pas censuré / 3. Censuré, c'est la fameuse polémique de l'abaya / 4. Censuré, Florence Mendez a été licenciée par le groupe M6 / 5. Pas censuré, coucou Stéphane Plaza / 6. Pas censuré, coucou Pascal Praud / 7. Censuré, il s'agit du livre Bien trop petit de Manu Causse / 8. Pas censuré, coucou Bastien Vivès

ACTU / SOCIÉTÉ
FORCE 1

# Les bases du féminisme

**On croit souvent à tort que le féminisme est un cannibalisme anti-homme; alors, qu'est VRAIMENT le féminisme? Trouve les bonnes propositions ci-dessous pour avoir la réponse à cette question.**

**1 Qu'est-ce que le féminisme?**

A. Une idéologie qui promeut la supériorité des femmes sur les hommes et leur castration les soirs de pleine lune
B. Un mouvement social et politique visant l'égalité (en droit et de traitement) des genres
C. Une philosophie qui soutient que le patriarcat est la seule façon d'atteindre l'égalité entre les personnes

**2 Qui est l'auteur ou l'autrice du livre *Le Deuxième Sexe*, considéré comme un ouvrage fondateur du féminisme existentialiste?**

A. Simone de Beauvoir
B. Dieu
C. Frédéric Beigbeder

**3 Quelle revendication féministe concerne l'accès des femmes à l'éducation, au travail et à d'autres opportunités économiques?**

A. La fin de la calvitie des hommes
B. L'égalité des chances
C. L'émancipation des hommes incapables de mettre leurs chaussettes dans le panier à linge

**4 Quel terme désigne la discrimination systémique fondée sur le genre?**

A. Racisme
B. Sexisme
C. Schisme

**5 Quel mouvement social, né en réaction aux révélations d'abus sexuels dans l'industrie du divertissement, a encouragé les victimes à partager leurs expériences et a mis en lumière la prévalence de VSS?**

A. #MGTOW (Men going their own way, en français: les hommes faisant sans les femmes)
B. #MenToo
C. #MeToo

**6 Est-ce que les féministes détestent les hommes?**

A. Pas toutes les féministes
B. Oui
C. Non, mais elles devraient

**Réponses**: 1. B / 2. A / 3. B / 4. B / 5. C / 6. C

ACTU / SOCIÉTÉ
FORCE 2

**Continuons à découvrir si le féminisme existe pour manger les zhommes! Trouve les bonnes propositions ci-dessous pour avoir la réponse à cette question.**

**1 Quelle vague du féminisme a émergé dans les années 1960-1970 et s'est concentrée sur l'égalité en droit?**

A. La vague à l'âme
B. La deuxième vague
C. La vague de Teahupoo

**2 Quel concept vise à conscientiser les normes sociales et les attentes basées sur le genre imposées aux individus?**

A. La misandrie
B. Le wokisme
C. Le féminisme

**3 Que signifie le terme «intersectionnalité»?**

A. La convergence de plusieurs mouvements féministes
B. L'analyse des intersections entre différentes formes d'oppression, comme le sexisme, le racisme et la classe sociale
C. Le respect des priorités à droite comme principe universel

**4 Quel mouvement féministe utilise souvent le terme «adelphité» pour promouvoir la solidarité entre femmes et minorités de genre?**

A. Le féminisme extrémiste
B. Le féminisme girlboss
C. Le féminisme intersectionnel

**5 Quel courant du féminisme affirme (à tort) que le sexe biologique définit le genre?**

A. Essentialisme
B. Cubisme
C. Humanisme

**6 Quel groupe, décrié pour ses idées sur le «célibat involontaire», prétend que les femmes ne s'intéressent pas à eux à cause d'un complot mondial féministe plutôt qu'à cause de leurs idées nauséabondes et leur hygiène discutable?**

A. Les Foodies célibataires
B. Les Hipsters sans rendez-vous
C. Les INCEL (Célibataires involontaires)

**Réponses**: 1. B / 2. C / 3. B / 4. C / 5. A / 6. C

# Guide de punchlines anti-mec relou

**Dès que t'es en dîner avec des hommes pas franchement féministes, tu peux être sûr·e que ça va être ta fête. Alors voici quelques punchlines bien senties à leur balancer si tu t'en sens le courage!**

- Il n'y a que des hommes en prison, c'est bien la preuve que les hommes ne sont pas privilégiés.
- Oui, la faute à qui? Au patriarcat qui valorise la prise de risque et la violence.
En plus, les femmes sont moins souvent condamnées à de la prison ferme en raison de stéréotypes sexistes, mais aussi et surtout parce qu'elles sont responsables du foyer, que plusieurs personnes dépendent directement d'elles et que les juges sont réticent·es à envoyer en prison une personne qui a la charge d'autres. Bref, un mot: PATRIARCAT

- Il y a plus d'hommes dirigeants parce qu'ils sont moins dans l'émotion.
- Vous avez déjà vu un homme devant un match de foot quand son équipe perd? Un homme perdre au jeu vidéo? Un homme conduire? Un homme en situation de conflit? Un homme qui s'énerve?
Si l'hystérie existait, ce serait un mal masculin.

- L'écriture inclusive, c'est chiant et c'est pas français.
- Le français est une langue vivante et qui évolue en fonction des personnes qui la parlent, et ce qui est chiant c'est de voir le masculin érigé comme neutre.

- Les hommes ont tout inventé.
- Non, les hommes ont tout volé aux femmes et les ont invisibilisées à toutes les étapes d'invention, de découverte ou de création, ça te fait croire que les hommes ont tout inventé, mais c'est faux, c'est l'effet Matilda.

- Ha ouais, vous voulez l'égalité? Du coup je peux te frapper?
- Non. Frapper quelqu'un c'est illégal, mais en plus tu risques de te faire mal.
- Le féminisme, c'était mieux avant, maintenant elles ont dévoyé la cause et on ne sait même plus pour quoi elles se battent.
- Avant, quand elles posaient des bombes? N'hésite pas à les écouter si tu veux savoir pour quoi elles se battent, elles le disent assez.

- Tu fais du sexisme anti-hommes.
- Le sexisme c'est un groupe, le groupe homme, qui en domine un autre, le groupe femme. Si tu peux être victime de discrimination parce que tu es un homme à titre individuel (ce qui n'arrive jamais mais soit), tu n'es pas victime de sexisme, qui est un phénomène de société, systémique.

- Non, mais aujourd'hui je suis terrifié à l'idée d'être accusé de viol.
- Bah écoute, si tu ne veux pas être accusé de viol, j'ai un conseil très simple pour toi: ne viole pas.

# Comment (bien) préparer un date

**Bonne nouvelle, vous avez papoté, ça y est, c'est l'heure du rendez-vous galant (le date) et un date, ça se prépare! Eh oui! Et ici on va te donner nos meilleurs conseils!**

## *Avant le date*

**1** **Choisir le bon endroit:** Sélectionne un lieu qui convient aux deux personnes, en public. Non, un premier date dans un lieu sans personne autour, on fait pas, genre la rando c'est NON. Cela peut être un café confortable, un restaurant agréable, un parc, ou même une activité comme une exposition ou un spectacle.

**En fonction du lieu, fais preuve de bon sens:**

- une terrasse? pense à un lieu ombragé en été, un lieu chauffé en hiver
- un café? prépare une liste de restaurants aux alentours du café en vérifiant les horaires d'ouverture, au cas où le date se passerait bien et que vous voudriez poursuivre ça
- un restaurant? pense aux restrictions alimentaires de la personne
- un bar? assure-toi qu'il y ait des alternatives sans alcool un peu sympa

**2** **Connaître ses préférences:** Si possible, découvre les goûts de ton date. Cela aidera à choisir un lieu ou une activité qui sera appréciée. On n'emmène pas une personne sur le spectre autistique dans une foule en plein festival par exemple. Demande-lui avant s'il ou elle préfère un lieu calme ou une activité plus dynamique. Ne choisis pas un date en fonction de tes intérêts, mais des siens – et si ses intérêts sont hors de tes goûts: passe ton tour!

**3** **Se laver:** On prend une douche, on frotte le sillon inter-fessier et les parties correctement AVEC DU SAVON. On se lave les dents et la barbe. On met du déodorant. On ne s'asperge pas de parfum.

**4** **S'habiller de manière appropriée:** Habille-toi correctement et en fonction du lieu, du type de rendez-vous, de la météo. **Ça veut dire:** des vêtements propres, non troués et repassés au MINIMUM! Assure-toi quand même de te sentir à l'aise dans cette tenue, rien de pire que de passer un date dans des vêtements trop petits ou qui grattent.

## *Pendant le date*

**5** **Arriver à l'heure:** La ponctualité est importante pour montrer du respect. Arriver à l'heure donne une première impression positive. N'hésite pas à tenir informée la personne de ton avancée dans le trajet: «Coucou je suis là dans une demi-heure.» Et surtout, confirme 24 h avant!

**6** **Préparer des sujets de conversation:** T'as peur de t'ennuyer? Hésite pas à préparer une liste de sujets de conversation, mais reste naturel·le, pas la peine de sortir tes fiches. Et si parler c'est pas ton truc: emmène la personne dans un bar à jeux!

**7** **Éviter les distractions:** Mets ton téléphone en mode silencieux et concentre-toi sur la personne. Tu peux parler de toi, mais évite de monopoliser la conversation. Intéresse-toi à l'autre, pose-lui des questions, écoute attentivement. Fais preuve de curiosité sans pour autant être intrusif·ve.

**8** **Rester poli·e.**

**9** **Te détendre et enjoy!**

Le date se passe mal? Pas de panique. On sait que tu n'as pas envie de vexer l'autre et qu'en face-à-face c'est toujours risqué. Prévois donc un créneau de 1 h ou 1 h 30, et ensuite prévois autre chose, que tu peux facilement annuler, genre un ciné ou passer voir un·e pote. Si ça se passe mal, au pire tu dis que tu n'as pas envie d'être en retard, et que t'avais prévu un truc et bye bye. Envoie ensuite un texto à la personne en lui disant que tu ne souhaites pas la revoir. Ne ghoste pas, on sait jamais,la personne, elle, a peut-être apprécié le date.

# TRADUISONS-LES

**Quand tu crées ton profil sur une application de rencontre, en général, tu ajoutes des photos et une petite biographie. Ce qu'on constate, c'est que les hommes hétéros ne sont pas très originaux... On t'a compilé le meilleur du pire des applis! Pour chaque profil, devine sa traduction honnête. Attention, plusieurs réponses sont parfois possibles.**

**1 Il a écrit «J'aime de l'escalade / la randonnée/ la nature». Ce qu'il veut vraiment dire:**

**A.** Je propose des premiers dates flippants dans une forêt sans réseau
**B.** C'est mon seul trait de personnalité
**C.** T'as intérêt à kiffer ça aussi

**2 Il a écrit «On dira qu'on s'est rencontrés au musée». Ce qu'il veut vraiment dire:**

**A.** Puisqu'on va faire un premier rendez-vous au musée
**B.** Parce que je t'ai croisée la dernière fois au musée
**C.** Parce que j'assume pas être sur une appli de rencontre

**3 Il a écrit «Épicurien». Ce qu'il veut vraiment dire:**

**A.** Je suis un grand fan de la philosophie d'Épicure
**B.** Je veux niquer
**C.** J'adore les épices

**4 Il a écrit «Cherche femme pour diminuer taux d'imposition». Ce qu'il veut vraiment dire:**

**A.** J'ai des oursins dans les poches et j'aime pas les femmes
**B.** J'aime les femmes surtout si elles sont pauvres que je puisse payer moins d'impôts et en même temps les soumettre
**C.** Je cherche surtout une femme pour remplir la déclaration à ma place

**5 Il a écrit «J'espère t'es pas sapiosexuelle parce que je suis con comme un manche». Ce qu'il veut vraiment dire:**

**A.** Au moins, je suis honnête
**B.** Moi par contre j'aime les femmes intelligentes
**C.** Je déconne, je suis drôle hein? Hahaha je me bidonne

**Réponses:** 1. A, B et C / 2. C / 3. B / 4. A, B et C / 5. C.

# Es-tu une mauvaise féministe?

**Aujourd'hui, on ne peut plus rien dire et c'est à cause des vilaines féminazies aux cheveux bleus! Fais le test pour savoir si tu es une bonne ou une mauvaise féministe d'après l'opinion publique.**

**Attention à ne pas prendre les réponses (trop) au sérieux.**

**1 On te dit « tous les hommes », tu réponds:**

◆ Bah oui
▲ Oui, mais j'en connais quand même des sympas
■ Ah non! Faut pas faire de généralités!

**2 Tout le débat autour de l'abaya, ça t'inspire quoi?**

■ Je suis pour la liberté des femmes et pour la laïcité
▲ Il s'agirait de laisser les jeunes filles tranquilles
◆ L'islamophobie d'État, c'est quelque chose!

**3 Quand tu entends quelqu'un parler de « racisme anti-blanc »…**

▲ Tu expliques que ça n'existe pas
■ Tu te dis que ça peut arriver
◆ Tu roules des yeux si fort qu'ils font un 360 dans leurs orbites

**4 Pour toi, l'hétérosexualité c'est:**

◆ Une construction capitaliste et patriarcale
■ Une orientation sexuelle comme une autre
▲ Pas une fatalité

**5 Le mouvement body positive, t'en penses quoi?**

■ Je suis convaincu·e, j'adore Mybetterself!
◆ Dommage qu'un mouvement lancé par les personnes queer et racisées soit vampirisé par des femmes blanches aux corps normés
▲ On en a besoin pour lutter contre la discrimination systémique des personnes grosses

**6 Le prochain livre que tu vas lire, c'est:**

◆ *L'Amour de nous-mêmes* d'Erika Nomeni
▲ *Les hommes hétéros le sont-ils vraiment?* de Léane Alestra
■ *Réinventer l'amour* de Mona Chollet

**7 Un mec random te dérange dans la rue, tu l'envoies bouler et il te dit « De toute façon t'es moche, avec ton physique de lesbienne »…**

▲ Tu souffles fort face à sa lesbophobie décomplexée
◆ Merci. Il ne sait pas que c'est un compliment, l'idiot!
■ Ça te fait mal de l'admettre mais t'es un peu vexé·e

**En fonction de tes réponses, calcule le total de tes points pour découvrir si tu es une mauvaise féministe ou non!**

■ = 1 point, ▲ = 2 points, ◆ = 3 points

**Tu as entre 1 et 7 points**

Tu es un·e féministe acceptable, tu seras toujours invité·e chez tonton Gégé pour les fêtes. Tu essayes toujours de voir « les deux côtés du débat ». Tu parles VSS, inégalités salariales et charge mentale mais tu fermes encore les yeux sur comment les hommes que tu connais peuvent être acteurs ou profiter du sexisme ambiant. C'est normal, on est toustes passé·es par là. On te prévient tout de même, plus t'avances dans la lutte, plus tu vas être vénèr!

**Tu as entre 8 et 14 points**

Tu es un·e féministe wokiste, attention tu vas bientôt nuire à ta cause. T'as débloqué le niveau suivant du féminisme, celui où l'intersectionnalité prend tout son sens. Maintenant que tu vois le monde avec ces lunettes-là, impossible de revenir en arrière. On te dit de plus en plus que tu es trop radicale dans tes positions. Et tu sais quoi? Ça veut dire que t'es sur la bonne voie!

**Tu as entre 15 et 21 points**

Bravo: tu es un·e mauvaise féministe. Vilain·e misandre hystérique extrémiste: à cause de toi, on peut plus rien dire! Tu as conscience que les droits dont tu jouis aujourd'hui sont le fruit des combats de personnes plus discriminées que toi. La moindre des choses c'est de le reconnaître, et te battre aussi pour elles. Le capitalisme, le patriarcat, la suprématie blanche, c'est dépassé. Il est grand temps de construire autre chose.

# Culture Queer

**La communauté LGBTQ+ a toujours existé, mais la connais-tu bien? Réponds à ce quiz pour le découvrir.**

**1.** **Pour répondre au recul des droits LGBTQ+ dans certains pays de l'UE, les député·es européen·nes ont adopté, le 11 mars 2021, une résolution qui reconnaît l'ensemble du territoire européen comme...**

A. Zone « arc-en-ciel »
B. Zone interdite
C. Zone de liberté

**2.** **Combien de personnes de la GenZ (nées entre 1996 et 2022) se déclarent bisexuelles, pansexuelles, gay ou lesbiennes?**

A. 5 %
B. 15 %
C. 25 %

**3.** **Paloma (gagnante de *Drag race France* saison 1) a été élue personnalité LGBTQI+ de l'année 2023; à qui succède-t-elle?**

A. Bilal Hassani
B. Barbara Butch
C. Jonas Ben Ahmed

**4.** **Quel est le slogan de l'équipe de football *Les dégommeuses*, une équipe militante composée exclusivement de femmes lesbiennes et de personnes transgenres?**

A. Liberté, égalité, dégommées
B. On dégomme tout!
C. Go go les dégos!

**5.** **Quelle est la nationalité de Kim Petras, première femme trans à avoir remporté un Grammy Award?**

A. États-Unienne
B. Australienne
C. Allemande

**6.** **De quel compositeur classique a-t-on mal traduit les lettres pour cacher son homosexualité?**

A. Frédéric Chopin
B. Franz Schubert
C. Claude Debussy

## DES LETTRES ENTRE PIANISTES

Tout au long de sa vie, Frédéric Chopin envoie des missives enflammées à... des hommes. Au fil de l'histoire, ses lettres ont été omises ou mal traduites pour cacher l'homosexualité du célèbre compositeur. Ce n'est que dans les années 2000 que ses lettres seront correctement traduites et que l'on découvre ses amours homosexuelles, notamment sa relation passionnée avec Tytus Woyciechowski, militant pour l'indépendance de la Pologne.

*« Je porte toujours tes lettres sur moi. Quel bonheur de relire tes mots pour m'assurer que tu m'aimes. Tout au moins pour poser mon regard sur l'écriture et la main de celui que je ne peux qu'aimer »*

Frédéric Chopin, lettre à Tytus Woyciechowski, 27 mars 1830

**Réponses:** 1. C / 2. B - Chez les millenials, c'est 9 % / 3. B / 4. C / 5. C / 6. A

# RÉBELLION EN ROBE DE SOIE

## L'INCROYABLE HISTOIRE DE WILLIAM DORSEY SWANN, ESCLAVE DEVENU REINE DU BAL

*États-Unis, 1858. Dans le comté de Washington, William Dorsey Swann naît dans l'oppression. Ses deux parents sont esclaves. Lorsqu'il a 3 ans, la guerre de Sécession éclate. En 1863, la proclamation d'émancipation abolit l'esclavage. La famille Swann est libre, mais l'émancipation de William ne s'arrête pas là.*
*Au cours de sa vie, celui dont l'existence même était enserrée dans les chaînes de l'esclavage s'élève au rang de pionnier inflexible. Retour sur la vie d'un héros de la liberté, de la libération queer et de l'égalité raciale. Un héros non pas mythique mais de chair et de sang, dont la résilience résonnait à travers les couloirs du temps.*

### LA REINE DES BALLS

La saga commence à la fin du XIX^e^ siècle. Swann organise des soirées clandestines, des fêtes considérées aujourd'hui comme les premiers bals drag de l'histoire états-unienne. Dans les soirées de Swann, on enfile des vêtements féminins, des costumes masculins et on performe le genre sur des musiques folkloriques. Dans ces moments de joie queer, corsets et faux cils défient une société déterminée à imposer la conformité.

À l'époque, chaque quartier de Washington est représenté par une femme symbolisant la liberté de la communauté noire. Ces reines de la liberté défilent pendant le défilé d'émancipation de D.C. Fasciné, Swann décide qu'il couronnera ses propres reines, symboles de la libération queer noire. Ainsi, à chaque soirée, on couronne la reine du bal. L'histoire l'affirme aujourd'hui : il s'agit des premiers *drag balls*, tenus par la première drag queen états-unienne.

### QUAND LA LIBERTÉ DEVIENT ILLÉGALE

Les autorités et la société conservatrice, choquées par la vue d'hommes noirs drapés d'élégantes tenues féminines, entreprennent de stopper ces affronts. À partir de 1880, une vague de lois interdit le travestissement. Les *drag balls* deviennent illégaux. En 1888, le soir de son trentième anniversaire, un raid a lieu dans son établissement. Un article du *Washington Post* détaille l'arrestation de Swann, le décrivant comme « *un grand nègre nommé Dorsey, revêtu d'une magnifique robe de satin couleur crème* ». Cet article ouvre la porte sur le monde de Swann, un monde où les barrières du genre, de la race et de la classe tombent. Un monde où la communauté queer noire peut célébrer qui elle est, loin de l'hostilité.

William Dorsey Swann conteste son arrestation, sans succès. En 1895, il est condamné à 300 jours de prison pour avoir tenu une maison close, une charge sans fondement. Qu'à cela ne tienne, il écrit une pétition pour faire valoir ses droits et demande un pardon présidentiel. Si Grover Cleveland, le président de l'époque, refuse, sa demande marque les annales comme la première tentative documentée d'activisme queer aux États-Unis.

### UN HÉRITAGE À SA HAUTEUR

Plus de doute permis : le récit de Swann est bien plus qu'une série de galas extravagants. En tant que drag queen noire, l'héritage de Swann se dévoile comme un tableau de la résistance – une défiance qui va au-delà des tenues flamboyantes et des rythmes endiablés. Sa vie est une lutte pour la liberté, pour le droit d'exprimer son identité sans crainte, et une bataille contre les préjugés raciaux résonnant à chaque pas de celleux qui osent assister à ses galas.

La découverte des combats de William Dorsey Swann, premier héros queer états-unien, représente aujourd'hui un événement majeur dans les annales de l'histoire LGBTQIA+.

SPORT
FORCE 3

# Ces sports interdits aux hommes

**Alors que l'accès des femmes aux compétitions sportives a été long et douloureux, étonnamment, certaines disciplines sont interdites aux hommes en compétition. Sauras-tu dire lesquelles?**

**1**
**La gymnastique rythmique sportive**
AUTORISÉE AUX HOMMES - INTERDITE AUX HOMMES

**2**
**Le twirling bâton**
AUTORISÉE AUX HOMMES - INTERDITE AUX HOMMES

**3**
**Le cheerleading**
AUTORISÉE AUX HOMMES - INTERDITE AUX HOMMES

**4**
**La natation synchronisée**
AUTORISÉE AUX HOMMES - INTERDITE AUX HOMMES

**5**
**Le yoga**
AUTORISÉE AUX HOMMES - INTERDITE AUX HOMMES

**Réponses:** 1. Interdite, la Fédération internationale de gymnastique interdit l'accès des hommes aux compétitions qu'elle organise. 2. Autorisé, même si la fédération française ne compte que 845 hommes licenciés, soit 7,8 % de la totalité des licencié·es. 3. Autorisé aux hommes, d'ailleurs petit reco série Netflix: Cheer. 4. Autorisée. Pour la première fois en 2023, aux championnats du monde de natation synchronisée, les hommes ont pu concourir en solo. 5. Autorisé, et oui, le yoga connaît des compétitions.

POP CULTURE

# Bingo pour faire hurler un mascu

**Tu vivais ta vie tranquillement quand un homme cis sauvage apparaît pour prendre tout l'espace? T'inquiète, dans ce bingo, on te donne de quoi le rendre malade en quelques secondes à peine. Enjoy!**

| | | |
|---|---|---|
| Lui proposer un barbecue végé | Lui demander s'il a besoin d'aide pour porter quelque chose de lourd | Se tromper volontairement de quelques cm sur sa taille |
| Le laisser changer une couche | Lui commander une bière aux fruits rouges | Utiliser le pronom iel |
| Lui demander son signe astro | ♥ | Lui dire qu'il serait plus joli s'il souriait un peu |
| Lui dire que tu peux faire le créneau à sa place s'il veut | Lui dire que c'est courageux d'assumer la calvitie | Lui couper la parole |
| Pleurer | Parler règles et cycle menstruel | Lui dire qu'il a une tête à conduire une Fiat 500 |

# Les hommes peuvent-ils être féministes?

**Non. Voilà, merci, au revoir.**

**Bon allez, développons un peu, mais vraiment parce que c'est toi.**

**L'identité masculine est une construction politique et éthique. La masculinité tire son sens de certains actes, choix et stratégies ayant des conséquences néfastes sur la société humaine. C'est la thèse que défend John Stoltenberg dans *Refuser d'être un homme*. Selon lui, refuser d'être un homme signifie adopter une éthique nouvelle et radicale, qui remet en question ses propres actions et considère chaque personne comme réellement égale aux autres.**

Dans les milieux militants, surtout féministes, la présence d'hommes peut créer des tensions et influencer la stratégie militante (dans le mauvais sens évidemment). La domination masculine reste présente; par exemple, les hommes se mettent en avant médiatiquement ou reprennent les idées des femmes en les faisant passer pour les leurs. Les hommes ont beaucoup de mal à lutter contre ces réflexes patriarcaux.
Un autre problème soulevé est celui de la culpabilisation des hommes qui s'engagent dans le féminisme. Certains hommes, confrontés à l'ampleur de leur responsabilité, peuvent se retirer de l'engagement féministe. Là encore, il s'agit de privilégier leur ressenti plutôt que le bien commun.

Francis Dupuis-Déri observe que l'engagement des hommes dans le féminisme, bien que positif, peut aussi avoir des effets négatifs, les hommes proféministes continuant à bénéficier du patriarcat. Il souligne que les hommes cisgenres n'ont jamais à se poser toutes les questions auxquelles les femmes sont confrontées au quotidien, et que même s'ils vivent des expériences difficiles, la question d'ajuster son comportement parce que femme dans l'espace public ou intime ne se pose pas. Et ça, c'est un privilège.

Dupuis-Déri propose une politique de « disempowerment » (désempouvoirement) pour les hommes, visant à réduire leur pouvoir sur les femmes. Il suggère des actions telles que l'engagement actif dans les tâches domestiques, le « boys watch » pour surveiller et reprendre ses pairs, la reddition en approuvant les discours féministes, et le retrait: avoir une place d'auxiliaire d'habitude réservée aux femmes plutôt qu'une place d'acteur de premier plan, d'habitude réservée aux hommes.

En conclusion, bien qu'un homme puisse, en théorie, être féministe, cela dépend de sa volonté de remettre en question ses propres privilèges, de s'engager activement dans la lutte contre le patriarcat et de soutenir les femmes sans chercher à occuper un rôle dominant. La vraie question est de savoir s'ils sont prêts à le faire. (Spoiler: non.)

HISTOIRE
FORCE 3

# Femmes et lutte anticoloniale

**Avec nos biais coloniaux, on imagine les femmes africaines comme soumises, sans agentivité ou devant être libérées. On ne pourrait pas plus se tromper. Découvre 5 femmes qui ont marqué l'histoire de la lutte anticoloniale et replace-les dans le pays où elles ont lutté!**

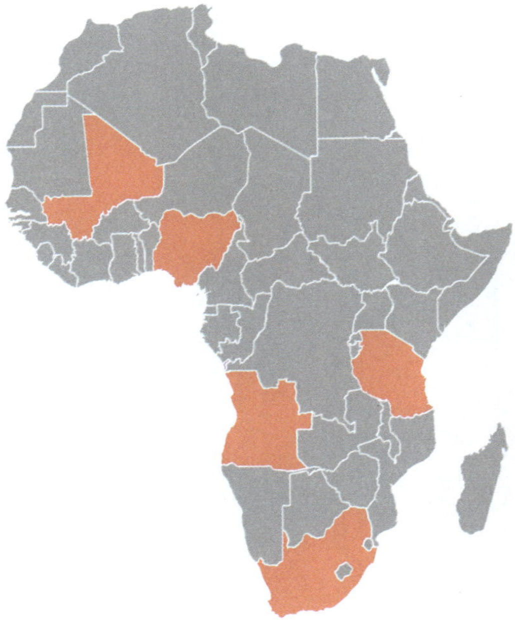

## Kimpa Vita
### Angola

Née au XVIIe siècle à Mbanza Kongo (actuellement en Angola), Kimpa Vita est une prophétesse qui lutte contre l'esclavagisme et la colonisation portugaise. Elle prône la fierté d'être noir·e et l'émancipation du peuple du Royaume Kongo (qui s'étend de l'Angola au Gabon à cette époque). Menace pour le Portugal, elle est traquée puis arrêtée. En juillet 1706, elle est brûlée vive, après avoir été jugée comme hérétique et ennemie du roi.

## Aoua Kéita
### Mali

Née à Bamako au Soudan français (actuel Mali) en 1912, Aoua Kéita est une sage-femme et militante anticoloniale. Très tôt, elle s'implique en politique et lutte pour l'indépendance du Mali, alors colonie française. Pour elle, lutte anticoloniale et lutte pour les droits des femmes vont de pair. Membre du Rassemblement démocratique africain (RDA), elle est élue députée de la fédération du Mali en 1959. La même année, elle participe à la création de l'Union des femmes de l'Ouest africain (UFOA) qui condamne les abandons de domicile conjugal et les répudiations et réclame la suppression du mariage précoce et de la polygamie.

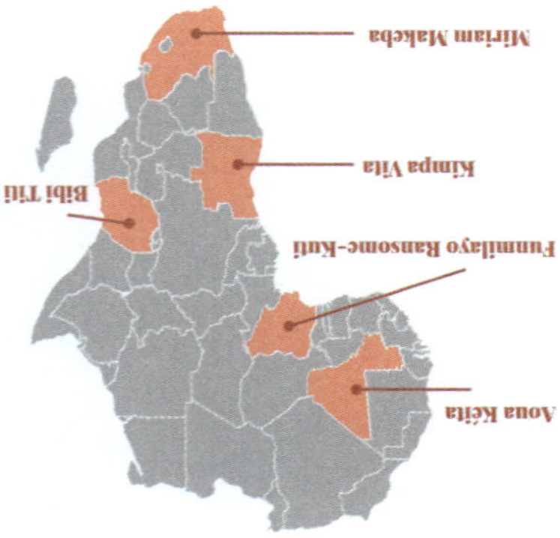


## Bibi Titi Mohamed
### Tanzanie

Née à Dar es Salaam en 1926, Bibi Titi Mohamed est une militante politique. En 1950, elle s'implique dans la lutte pour l'indépendance du Tanganyika. En 1954, elle cofonde l'Union nationale africaine du Tanganyika (TANU) avec Julius Nyerere. Elle préside l'Umoja wa Wanawake wa Tanzania, la branche féminine du TANU, où elle inscrit plus de 5 000 femmes qui joueront un rôle majeur dans la lutte contre la domination coloniale britannique. En 1961, le pays gagne son indépendance. Trois ans plus tard, il s'unit avec Zanzibar pour former la Tanzanie. Julius Nyerere est élu président et Bibi Titi Mohamed devient la première femme ministre du pays. En 1969, lorsqu'elle s'oppose à la politique socialiste du président, elle est arrêtée pour trahison et condamnée à la prison à vie. Elle sera graciée et libérée en 1972.

## Miriam Makeba
### Afrique du Sud

Zenzile Makeba Qgwashu Nguvama, connue sous le nom de Miriam Makeba, naît en 1932 dans le township de Prospect, dans ce qui est alors l'Union d'Afrique du Sud, où la ségrégation raciale est déjà une réalité. En 1948, les Afrikaners gagnent l'élection et instaurent l'apartheid. Miriam Makeba, artiste reconnue, utilise sa notoriété pour s'opposer à l'apartheid. Elle s'installe aux États-Unis où elle rejoint les mouvements de lutte pour les droits civiques. Elle continue à écrire des textes engagés et épouse un des leaders des Black Panthers aux États-Unis. Elle sera alors vue comme une extrémiste et interdite de séjour. Son passeport sud-africain ayant été annulé à cause de son discours anti-apartheid, elle s'installe en Guinée jusqu'en 1990, date à laquelle elle peut enfin rentrer chez elle, après 31 ans d'exil.

## Funmilayo Ransome-Kuti
### Nigeria

Mère du célèbre musicien Fela Kuti, première femme à avoir conduit une voiture au Nigeria, Funmilayo Ransome-Kuti est avant tout la «mère du droit des femmes», celle qui a consacré sa vie à l'émancipation et l'autodétermination des femmes. Sa lutte commence à Abeokuta, sa ville de naissance, où elle apprend aux femmes à lire et à écrire. Très vite, le «club de lecture d'Abeokuta» devient l'Union des femmes d'Abeokuta et rassemble 20 000 femmes de régions différentes qui se soulèvent contre l'injustice du système juridique colonial en place. En 1948, elles obtiennent la suspension de la taxe imposée aux femmes et une amélioration de leur représentation politique. En parallèle, Funmilayo milite pour l'indépendance du Nigeria, alors colonie anglaise.

# L'amour sous contrat

**Albert Einstein est connu comme l'un des plus grands scientifiques de tous les temps. Ce que l'on connaît moins, c'est sa misogynie et la manière odieuse dont il a traité Mileva Marić, sa première femme. Parmi ses coups d'éclat, lors d'une séparation, il a rédigé un contrat listant les conditions que Mileva devait respecter pour espérer sauver leur mariage.**

## LA VIE OUBLIÉE DE MILEVA MARIĆ

Mileva Marić rencontre Albert Einstein pendant ses études à l'Institut polytechnique de Zurich. C'est une étudiante brillante qui rivalise sans problème avec Einstein, obtenant même de meilleurs résultats en physique appliquée. Leurs correspondances attestent que Mileva et Albert collaborent depuis leur rencontre jusqu'à leur séparation. Si le nom de Mileva n'apparaît nulle part, c'est pour protéger l'homme qu'elle aime des préjugés sexistes de l'époque (bah oui, un papier co-signé par une femme, ça ne fait pas sérieux!). Quand il commence à récolter les lauriers de leur travail, elle se confie à une amie: « *Je souhaite simplement et espère que la gloire n'aura pas d'effets adverses sur son humanité.* » Perdu, il la délaisse, se désintéresse de sa vie de famille et entretient une relation secrète avec sa cousine, Elsa Löwenthal, qu'il épousera par la suite. Elle passe le reste de sa vie à s'occuper de leurs fils en donnant des cours et vivant précairement.

Replace les mots suivants dans le texte pour découvrir la teneur de ce charmant (non) contrat de mariage:

BUREAU • EXCLUSIF • OBÉIREZ • REPROCHE
VÊTEMENTS • RAISONS • RABAISSER • TEMPS
CESSEREZ • ENFANTS • QUITTEREZ • RELATIONS

**1. Vous veillerez:**
A. à ce que mes _______ et mon linge soient bien rangés;
B. à ce que je reçoive régulièrement mes trois repas dans ma chambre;
C. à ce que ma chambre à coucher et mon bureau soient bien rangés, et surtout que mon bureau soit réservé à mon usage _______.

**2. Vous renoncerez à toutes relations personnelles tant qu'elles ne sont pas totalement nécessaires pour des _______ sociales. En particulier, vous renoncerez:**
A. à ce que je passe du _______ avec vous à la maison;
B. à ce que je sorte ou voyage avec vous.

**3. Concernant vos _______ avec moi, vous _______ aux points suivants:**
A. vous n'attendrez aucune intimité de ma part, et vous ne me ferez aucun _______;
B. vous _______ de me parler si je le demande;
C. vous _______ immédiatement ma chambre ou mon _______ si je le demande, et ce, sans protester.

**4. Vous vous engagez à ne jamais me _______ devant nos _______, que ce soit par vos paroles ou par vos actes.**

**Réponses:** vêtements • exclusif • raisons • temps • relations • obéirez • reproche • cesserez • quitterez • bureau • rabaisser • enfants

# Sexe en mots-croisés

**Le sexe c'est comme tout : ça s'apprend ! On te propose une petite session de mots croisés pour bûcher sur le sujet, 100 % garanti sans *kink shaming**.**

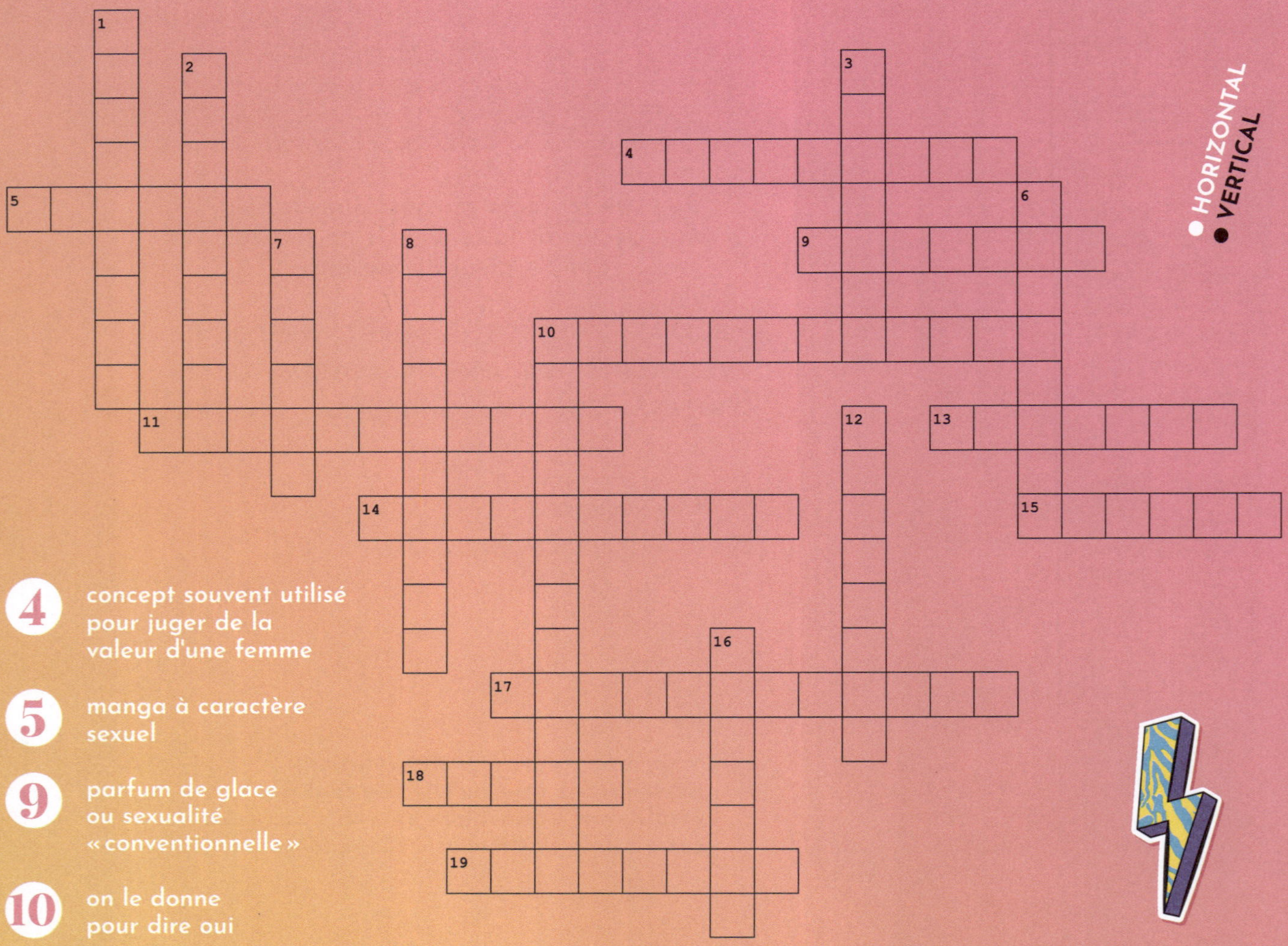

● HORIZONTAL
● VERTICAL

**Horizontal**

4. concept souvent utilisé pour juger de la valeur d'une femme
5. manga à caractère sexuel
9. parfum de glace ou sexualité « conventionnelle »
10. on le donne pour dire oui
11. pratique d'observer son ou sa partenaire avec un·e autre
13. site accusé de partager des vidéos de viols
14. absence d'attirance sexuelle
15. tour à tour dominant·e ou soumis·e
17. plaisir solitaire ou non
18. sensation d'attraction ou d'attirance
19. expression imaginaire d'un désir

**Vertical**

1. contraction involontaire des muscles du périnée à l'approche de la pénétration
2. IST souvent asymptomatique
3. pratique d'attachement
6. mesure entre 10 et 13 cm en moyenne
7. il paraît que les hommes en ont une plus grande
8. pendant égalitaire de la pénétration
10. la clé d'une sexualité épanouie
12. la masser procure du plaisir
16. sommet non nécessaire de l'excitation sexuelle

* (*humiliation du fantasme)

**Réponses :** Vertical : 1. Vaginisme / 2. Chlamydia / 3. Bondage / 6. Clitoris / 7. Libido / 8. Circlusion / 10. Communication / 12. Prostate / 16. Orgasme
Horizontal : 4. Virginité / 5. Hentai / 9. Vanille / 10. Consentement / 11. Candaulisme / 13. Pornhub / 14. Asexualité / 15. Switch / 17. Masturbation / 18. Désir / 19. Fantasme

# France, hijab et ballon rond

**En France, on aime la laïcité. Enfin, on aime surtout confondre laïcité et neutralité en imposant la seconde aux personnes musulmanes. Pour jouir de la liberté de religion garantie par la loi, certaines musulmanes sont obligées de se battre. C'est le cas pour les footballeuses qui luttent pour la liberté de porter, ou non, le hijab sur le terrain.**

**Numérote les propositions pour les remettre dans l'ordre chronologique (du plus ancien au plus récent) et découvre l'histoire du hijab dans le foot!**

**A.** La FIFA autorise le port du hijab dans la Confédération asiatique ○

**B.** La FIFA change son règlement pour y inscrire le droit de porter le hijab pour les joueuses du monde entier ○

**C.** Le collectif Les hijabeuses est formé et lutte pour le droit au port du hijab ○

**D.** Le rapporteur public du Conseil d'État en France se prononce en faveur de l'autorisation du port du hijab dans le foot. Le Conseil d'État maintient l'interdiction ○

**E.** La FIFA interdit le port du hijab pour « des raisons de sécurité » ○

**F.** Nouhaila Benzima, joueuse marocaine, est la première à porter le hijab pendant la Coupe du monde ○

**G.** La FFF interdit le port de signe ou tenue « manifestant ostensiblement l'appartenance religieuse » ○

La laïcité est un principe constitutionnel qui garantit l'égalité entre toustes les citoyen·nes quelles que soient leurs croyances, la liberté de culte et la neutralité de l'État. La neutralité est le fait de ne pas manifester ses croyances ou opinions (politiques, religieuses ou philosophiques) dans l'exercice de ses fonctions. Et devine quoi? L'obligation de neutralité n'est exigée que des agents publics. Et, à ce qu'on sache, les sportives ne sont pas des agents publics!

**Réponses:** 1. E / 2. A / 3. B / 4. G / 5. C / 6. D / 7. F



# Calcul mental et différence d'âge

**Il paraît que l'amour n'a pas d'âge... mais certaines différences interrogent. Résous les calculs suivants pour remettre ces couples célèbres en perspective!**

**A.** L'autrice Line Papin et le chanteur Marc Lavoine divorcent en 2022. Line Papin a alors 26 ans. Marc Lavoine est né en 1962.

**Quel âge avait-il au moment de leur divorce?**

-----------------------------------

**B.** En 2023, Leonardo DiCaprio a 49 ans. En 2005, il remporte un Golden Globe pour son rôle dans Aviator. Depuis août 2023, il est en couple avec la mannequin italienne Vittoria Ceretti, née en 1998.

**Quel était leur âge respectif lorsqu'il remporte ce Golden Globe?**

-----------------------------------

**C.** En 2000, la mannequin Tina Kunakey a 3 ans. Quinze ans plus tard, elle rencontre Vincent Cassel, né en 1966. C'est le début de leur couple, qui durera 8 ans.

**Quel âge avaient-iels respectivement au moment de leur rencontre?**

-----------------------------------

**D.** En 2023, la productrice Noor Alfallah a 29 ans lorsqu'elle se sépare de Al Pacino, 83 ans, trois mois après la naissance de leur fils.

**Quelle différence d'âge Al Pacino a-t-il avec son ex? Et avec son nouveau-né?**

-----------------------------------

**E.** Emmanuel Macron rencontre Brigitte Trogneux, sa prof de théâtre et future femme, lorsqu'il a 15 ans. Deux ans plus tard, iels entament une relation.

**Sachant qu'iels ont 24 ans d'écart, quel âge avait Brigitte au début de leur relation?**

-----------------------------------

**Réponses:** A. 60 ans / B. 31 et 7 ans / C. 49 ans et 18 ans / D. 54 et 83 ans / F. 41 ans

# Un papa, une maman, on ne ment pas aux enfants!

**Dans les années 2010, la Manif pour tous (berk) s'opposait violemment à la loi ouvrant le mariage et l'adoption aux couples de personnes de même sexe. Tout leur argumentaire reposait sur le fait qu'une famille «naturelle» c'est un papa (mâle) et une maman (femelle). C'est comme ça, c'est la nature, que veux-tu? Oui mais justement Jacqueline, la nature elle n'a pas l'air très d'accord avec toi! Réponds à ce quiz pour découvrir ce qu'elle en dit vraiment, la nature.**

**1** **Chez quelle espèce de poisson le mâle dominant change de sexe pour devenir femelle lorsque la femelle du groupe décède?**

**A.** Les raies
**B.** Les carpes koï
**C.** Les poissons-clowns

**2** **En 2019, aux USA, quelle femelle reptile a donné naissance à trois petits, sans l'aide d'un mâle?**

**A.** Une anaconda
**B.** Une caïman
**C.** Une varan

**3** **Quel organisme aquatique peut se reproduire de manière sexuée ou asexuée?**

**A.** La planaire
**B.** La méduse
**C.** L'éponge

**4** **Dans quel État des États-Unis a-t-on constaté qu'un tiers des couples d'albatros de Laysan étaient des couples lesbiens?**

**A.** Hawaï
**B.** Le Nouveau-Mexique
**C.** La Californie

**5** **Jonathan est une tortue géante vivant sur l'île de Sainte-Hélène. À 190 ans, c'est l'être vivant le plus vieux au monde! Jonathan est en couple avec une autre tortue mâle depuis plus de 30 ans. Comment s'appelle son partenaire?**

**A.** Fredrik
**B.** David
**C.** Speedy

**6** **En 2004, un couple de mâles oiseaux a réussi à faire éclore un œuf sans femelle, et a ensuite élevé le petit. De quelle espèce s'agit-il?**

**A.** Des canards
**B.** Des pingouins
**C.** Des autruches

**7** **Chez les hippocampes, qui vit la grossesse?**

**A.** Les femelles
**B.** Les mâles
**C.** Les deux

**Réponses:** 1. C / 2. A / 3. B / 4. A / 5. A / 6. B / 7. B.

CINÉ / TV
FORCE 1

# Mesurer la diversité

**Comment savoir si un film est sexiste? S'il est raciste? Pour le savoir, des professionnelles du cinéma ont créé plein de tests permettant de savoir si une œuvre est inclusive ou non.**

**À l'aide du code morse ci-dessous, déchiffre le nom des différents tests!**

| | | | |
|---|---|---|---|
| A · – | B – · · · | C – · – · | D – · · |
| E · | F · · – · | G – – · | H · · · · |
| I · · | J · – – – | K – · – | L · – · · |
| M – – | N – · | O – – – | P · – – · |
| Q – – · – | R · – · | S · · · | T – |
| U · · – | V · · · – | W · – – | X – · · – |
| Y – · – – | Z – – · · | | |

**1** Ce test est sans doute le plus connu. Pour le passer, il suffit de répondre à deux questions simples: y a-t-il au moins deux personnages féminins? Est-ce que ces personnages ont au moins une conversation qui n'est pas à propos d'un homme? Sur les 50 films ayant obtenu les meilleures recettes au box-office en 2016, un tiers échoue à ce test.

– · · · | · | – · – · | · · · · | – · · | · | · – · ·

Réponse: Le test ..................................................

**2** Ce test s'intéresse à l'équipe de tournage. Pour le réussir, il faut que l'équipe soit à 50 % composée de femmes. Sur le top 50 des films de 2016, aucun ne réussit le test.

· · – | · – – · | · · · · | – – – | · – · · | – · ·

Réponse: Le test ..................................................

**3** Ce test s'intéresse aux femmes racisées. Pour réussir le test, il faut que le film ait un personnage féminin racisé, qui parle dans au moins 5 scènes, et qui parle anglais (l'analyse est faite sur des films anglophones). En 2016, 58 % des 50 films en tête du box-office échouent.

– · – | – – –

Réponse: Le test ..................................................

**4** Ce test se concentre sur les stéréotypes associés aux personnages féminins et indique ce qu'il ne faut pas faire. Un film échoue si: un personnage féminin principal meurt, tombe enceinte ou crée des problèmes pour un personnage masculin. Sur le top 50 de 2016, 66 % des films échouent.

· – · · | · – | – · | – · · | · – | · · –

Réponse: Le test ..................................................

## LE TEST DE LA LAMPE

Kelly Sue DeConnick, scénariste de comics, a créé le test de la lampe sexy. Lorsqu'on peut remplacer un personnage féminin par une jolie lampe, sans que cela ait un impact sur l'intrigue du film, on ne passe pas le test. Si le personnage a pour unique fonction de donner une information cruciale au personnage principal, on parle de jolie lampe avec un post-it collé dessus. Parmi les mauvais élèves, on cite souvent *Man of Steel* (2013), toutes les adaptations de *Gatsby le Magnifique*, et *Diamants sur canapé* (1961).

**Réponses**: 1. Bechdel, créé par Alison Bechdel / 2. Uphold, créé par Rory Uphold / 3. Ko, créé par Naomi Ko / 4. Landau, créé par Noga Landau

# Focus

SCIENCES

## Notre cerveau est-il sexiste?

**Qui n'a pas déjà entendu quelqu'un dire que le cerveau d'un homme est rationnel et celui d'une femme, émotionnel? C'est la nature, c'est comme ça! Eh bien tu pourras dire à ces gens qu'ils se fourrent le doigt dans l'œil jusqu'au coude.**

*NB: dans ces pages, on parle des hommes et des femmes de façon binaire, en adéquation avec la littérature scientifique. Cela dit, on rappelle qu'il n'existe pas seulement deux genres ni deux sexes, et que le sexe ne définit pas le genre!*

### Cerveau masculin, cerveau féminin?

Le cerveau humain est un produit à la fois biologique et culturel: il est influencé par les normes. La biologie, la société, la culture, le genre, la race, l'origine, la classe sociale, les capacités cognitives et physiques... sont autant de facteurs qui impactent ton cerveau!

La recherche est sans appel: il existe plus de variations individuelles au sein d'un même groupe qu'entre les groupes. C'est-à-dire qu'on observe plus de différences entre deux personnes du même groupe (deux femmes par exemple) que de différences entre deux groupes (les hommes et les femmes par exemple). Le principe des différences individuelles est particulièrement vrai en ce qui concerne les cerveaux et les capacités cognitives.

En résumé: non, il n'existe pas « un cerveau masculin » et « un cerveau féminin », mais bien autant de cerveaux que d'individus.

### L'apprentissage du sexisme

Ton cerveau est ton premier élève: tu passes ta vie à lui apprendre des choses. Et, dans une société sexiste, on lui apprend forcément des choses genrées (BOUH). Ainsi, si on pousse un·e enfant à jouer à des jeux de construction, iel va développer des capacités cognitives qui y sont liées. Pareil quand on joue à la poupée. Tu l'auras compris : si on pousse les petits garçons à développer leur logique et les petites filles à développer leur empathie, c'est comme ça que leurs cerveaux vont se construire!

Aussi, ton cerveau apprend énormément par l'observation: quand il comprend à quelle catégorie genrée il appartient, il devient plus réceptif à ce qui est associé à cette catégorie.

Ton cerveau n'est pas intrinsèquement sexiste. Mais en se formant dans un environnement sexiste, il le devient par habitude, pour s'adapter à son environnement.

### Ton cerveau est un homme cis

Si ton cerveau apprend tout au long de la vie, il y a une chose qu'il adore: apprendre à faire vite et facile. Eh oui, comme un homme, ton cerveau est une feignasse (ça va, on plaisante Michel). Pour prendre des décisions ou résoudre un problème: il veut aller vite, si possible sans trop travailler. Pour cela, il se fie à des raccourcis cognitifs qui se basent sur des croyances subjectives, des émotions, des souvenirs et l'intuition: sur des biais cognitifs, quoi! Ces biais sont tout sauf rationnels; pourtant, ton cerveau les interprète comme *pensée logique*.

Parmi ces biais cognitifs, certains sont empreints de sexisme. Par exemple: on a tendance à juger les hommes grands comme rassurants, compétents et ambitieux. À l'inverse, on juge les femmes grosses comme incompétentes et on a du mal à voir les femmes comme des figures d'autorité.

Aujourd'hui, on compte 180 biais cognitifs connus. Cent. Quatre. Vingts. On n'a pas le cul sorti des ronces. Rassure-toi: tu ne les as pas tous et tu peux les atténuer! Comment? En les identifiant, en les interrogeant, en t'ouvrant à de nouvelles représentations, en cherchant des informations rationnelles, en développant ton esprit critique, en évitant de réagir « à chaud »... Eh oui, lutter pour l'égalité, ça passe aussi par... recalibrer son cerveau!

## LE CODEX DES BIAIS COGNITIFS

Buster Benson et John Manoogian III ont réalisé une classification des biais cognitifs, appelée codex. Ce codex liste tous les biais cognitifs connus, regroupés selon les problèmes auxquels ils répondent :

### LES LIMITES DE LA MÉMOIRE

On ne peut pas retenir toutes les informations du monde. On va donc retenir ce que l'on juge important ou utile. C'est pour cela que le cerveau adore les généralités : ça prend moins de place de stockage !

### LA SURCHARGE D'INFORMATION

Il y a trop d'informations, le cerveau ne peut pas tout traiter. Alors, il filtre agressivement et subjectivement les infos reçues pour garder celles qui lui semblent utiles.

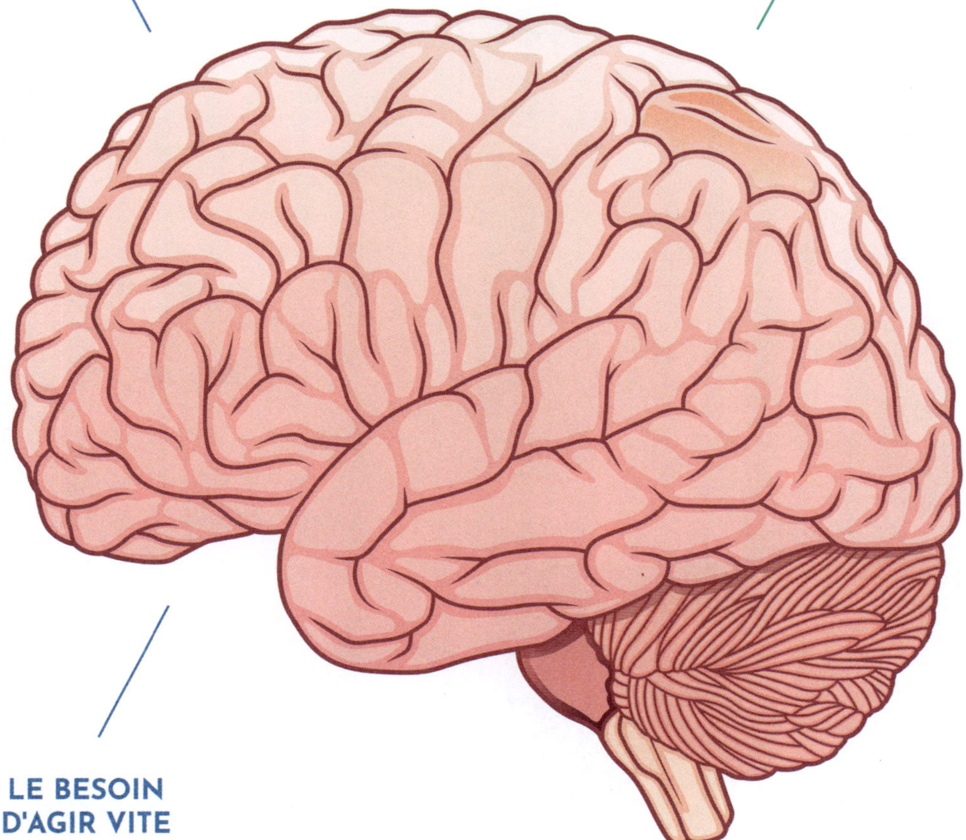

### LE BESOIN D'AGIR VITE

On ne peut pas se laisser paralyser par la quantité ou le traitement de l'information. On va donc chercher à agir vite ! Pour cela, le cerveau va tirer des conclusions hâtives.

### LE MANQUE DE SENS

On est capable de comprendre qu'une petite partie du monde. Pourtant, nous avons besoin de sens ! Et pour faire sens, on raisonne avec des hypothèses biaisées qui nous semblent cohérentes parce que connues.

CORPS / SEXO
FORCE 1

# Bingo des croyances des hommes sur la sexualité et le corps des femmes

**Sur Internet, on voit de tout, mais surtout du n'importe quoi, et alors s'agissant du corps et de la sexualité des femmes et minorités de genre, autant dire que la croyance que la terre est plate est plus audible! Coche celles que tu as déjà entendues.**

| | | |
|---|---|---|
| Le vagin perdrait en élasticité à force d'enchaîner les partenaires, mais un seul partenaire, peu importe le nombre de relations sexuelles qu'on a avec, ça fait rien. | Les protections périodiques ne devraient pas être remboursées puisque toutes les personnes qui ont leurs règles pourraient se retenir naturellement (un peu comme faire pipi) | Les seins qui tombent seraient dus à un manque de soin |
| Les femmes n'ont pas de désir sexuel | Le vagin capturerait un bout de l'âme de toutes les personnes qui le pénètrent | Les femmes ne pourraient pas tomber enceintes si elles sont victimes de viol |
| Les tampons feraient perdre la virginité | Allaiter en public ce serait pour provoquer les hommes | Toutes les femmes voudraient se marier avec un homme, elles sont programmées naturellement pour ça |

AMOUR
FORCE 1

# C'est de l'amour ou pas?

**Les femmes et minorités de genre sont conditionnées à interpréter certaines situations comme des preuves d'amour, alors qu'en fait c'est juste flippant. Sauras-tu faire la différence? Entoure le bon cœur.**

1. Lors d'une dispute, il a frappé contre un mur
2. Il a demandé à ce que tu installes une application de localisation
3. Il fait la gueule suite à une photo de toi postée sur les réseaux sociaux
4. Il a déjà répondu au téléphone à ta place
5. Tu vois moins ta famille depuis que vous êtes ensemble
6. Il te pousse à mettre fin à des relations amicales qu'il juge toxiques
7. Il se moque de certains de tes goûts pour certaines choses

**8**

Il n'aime pas certains de tes habits

**9**

Il n'aime pas que tu gagnes plus d'argent que lui

**10**

Il a tatoué ton prénom sur sa bite

**11**

Il te dit qu'il préfère que tu restes à la maison une fois que vous aurez des enfants

**12**

Quand il est énervé ou vexé, il s'en va

**13**

Il t'offre des cadeaux en rapport avec ses intérêts à lui

**14**

Il n'aime pas quand tu fais « ton intéressante »

**15**

Il ne veut pas que tu suives d'autres hommes sur Instagram

**16**

Il exprime son amour en étant jaloux

**Réponses :** Sorry, il n'y a rien qui va. Run beautiful, run.

## REPÈRE CONCRÈTEMENT OÙ TU TE SITUES SUR LE VIOLENTOMÈTRE.

**PROFITE**
Ta relation est saine quand il...

| | |
|---|---|
| 1 | Respecte tes décisions, tes désirs et tes goûts |
| 2 | Accepte tes amies, amis et ta famille |
| 3 | A confiance en toi |
| 4 | Est content quand tu te sens épanouie |
| 5 | S'assure de ton accord pour ce que vous faites ensemble |

**VIGILANCE, DIS STOP !**
Il y a de la violence quand il...

| | |
|---|---|
| 6 | Te fait du chantage si tu refuses de faire quelque chose |
| 7 | Rabaisse tes opinions et tes projets |
| 8 | Se moque de toi en public |
| 9 | Est jaloux et possessif en permanence |
| 10 | Te manipule |
| 11 | Contrôle tes sorties, habits, maquillage |
| 12 | Fouille tes textos, mails, applis |
| 13 | Insiste pour que tu lui envoies des photos intimes |
| 14 | T'isole de ta famille et de tes proches |
| 15 | T'oblige à regarder des films pornos |

**PROTÈGE-TOI, DEMANDE DE L'AIDE**
Tu es en danger quand il...

| | |
|---|---|
| 16 | T'humilie et te traite de folle quand tu lui fais des reproches |
| 17 | "Pète les plombs" lorsque quelque chose lui déplaît |
| 18 | Menace de se suicider à cause de toi |
| 19 | Menace de diffuser des photos intimes de toi |
| 20 | Te pousse, te tire, te gifle, te secoue, te frappe |
| 21 | Te touche les parties intimes sans ton consentement |
| 22 | T'oblige à avoir des relations sexuelles |
| 23 | Te menace avec une arme |
| 24 | |

Créé en Amérique latine, le violentomètre a été repris et adapté en 2018 par l'Observatoire des violences envers les femmes du Conseil départemental de la Seine-Saint-Denis, en partenariat avec l'Observatoire parisien de lutte contre les violences faites aux femmes et l'association En Avant Toute(s).

JURIDIQUE
FORCE 3

# Vrai ou Faux

## Les choses interdites aux femmes à travers le monde

**De nombreuses choses ont été interdites aux femmes de tout temps et en tout lieu. Sauras-tu retrouver ce qui est encore interdit de nos jours dans les affirmations suivantes?**

1. Au Vatican, les femmes n'ont pas le droit de vote

○ VRAI ○ FAUX

2. En France, les lycéennes n'ont pas le droit de porter des vêtements larges

○ VRAI ○ FAUX

3. En Floride, les femmes n'ont pas le droit de péter en public

○ VRAI ○ FAUX

4. Au Turkménistan, les femmes n'ont pas le droit d'acheter des cigarettes

○ VRAI ○ FAUX

5. En Argentine, les femmes n'ont pas le droit de produire ou vendre de l'alcool

○ VRAI ○ FAUX

6. En Floride, les femmes célibataires n'ont pas le droit de sauter en parachute le dimanche

○ VRAI ○ FAUX

7. Au Royaume-Uni, les femmes n'ont pas le droit de faire du recel de saumon (oui, on parle du poisson).

○ VRAI ○ FAUX

8. En Espagne, les femmes n'ont pas le droit de faire pipi dans la mer

○ VRAI ○ FAUX

9. En Californie, les femmes n'ont pas le droit de conduire en peignoir

○ VRAI ○ FAUX

10. En Chine, il est interdit de faire travailler les femmes en hauteur, à basse température ou dans l'eau froide pendant leur période menstruelle

○ VRAI ○ FAUX

**Réponses:** 1. Vrai / 2. Vrai / 3. Faux, c'est illégal pour tout le monde / 4. Vrai / 5. Vrai / 6. Vrai / 7. Faux, c'est illégal pour tout le monde / 8. Faux, c'est tout le monde et au Portugal dans l'océan / 9. Vrai / 10. Vrai.

POP CULTURE
FORCE 1

# Médias, misogynoir & opinion publique

**Dans l'espace public, on réserve un traitement discriminatoire tout particulier aux femmes noires, à la croisée du racisme et de la misogynie. On a remplacé les noms de femmes célèbres victimes de misogynoir par un code. C'est le moment de se rappeler comment écrire des SMS à l'ancienne pour retrouver leurs noms!**

| | | |
|---|---|---|
| 1 | 2<br>ABC | 3<br>DEF |
| 4<br>GHI | 5<br>JKL | 6<br>MNO |
| 7<br>PQRS | 8<br>TUV | 9<br>WXYZ |

**1**

Cette reine du rock s'est éteinte en mai 2023 après une incroyable carrière de 70 ans. Toute la presse lui rend hommage, certains médias la confondent en affichant la photo d'autres artistes noires et de nombreux autres la déshumanisent. « Tigresse », « lionne », « féline », « sauvage », cette artiste légendaire est animalisée, un processus souvent utilisé à l'encontre des femmes noires.

| | | | | | | | | | | |
|---|---|---|---|---|---|---|---|---|---|---|
| 8 | 444 | 66 | 2 | | 8 | 88 | 777 | 66 | 33 | 777 |

Réponse : ____ ______

**2**

Christiane Taubira comparée à un singe, Sibeth Ndiaye attaquée sur ses cheveux, Rachel Keke confondue avec Nadège Abomangoli… Les femmes politiques en France font face à de nombreuses discriminations racistes. En 2020, le magazine Valeurs Actuelles publie une « fiction politique » dépeignant cette députée LFI en esclave.

| | | | | | | | | | | | | |
|---|---|---|---|---|---|---|---|---|---|---|---|---|
| 3 | 2 | 66 | 444 | 33 | 555 | 33 | | 666 | 22 | 666 | 66 | 666 |

Réponse : _______ _____

**3**

En 2020, Tory Lanez tire dans le pied de Meghan Thee Stallion, sa compagne de l'époque. Quand l'affaire éclate, la rappeuse fait face à une vague de misogynoir: on la traite de menteuse, on dit qu'elle est violente, on dit qu'elle a le physique d'un homme donc qu'elle serait capable de se défendre… En 2020, une célèbre artiste française sera victime des mêmes procédés après avoir affirmé avoir été victime de violences conjugales de la part de son ancien compagnon. La misogynoir rend la libération de la parole encore plus difficile pour les femmes noires.

| | | | | | | | | | | | |
|---|---|---|---|---|---|---|---|---|---|---|---|
| 2 | 999 | 2 | | 666 | 2 | 55 | 2 | 6 | 88 | 777 | 2 |

Réponse : ___ ________

## La mysoginoir, c'est quoi?

La chercheuse afroféministe Moya Bailey emploie le terme misogynoir pour la première fois en 2018. Elle l'explique ainsi: « Le terme misogynoir est utilisé pour décrire les façons uniques dont les femmes noires sont marginalisées dans la culture populaire. Ce que vivent les femmes noires dans l'espace public est incomparable avec le quotidien des autres femmes […]. C'est particulier et concerne les façons dont le racisme anti-noir et la misogynie se combinent pour dénigrer les femmes noires dans le monde. »

**Réponses:** 1. Tina Turner / 2. Danièle Obono / 3. Aya Nakamura

POP CULTURE
*FORCE 1*

# La véritable histoire de Barbie

**Film qui fait pleurer les mascu, poupée la plus vendue à travers le monde… Barbie fait polémique! Connais-tu sa véritable histoire? À l'aide du carré de Polybe ci-dessous, déchiffre les noms de celles et ceux qui ont marqué sa vie!**

*Chaque lettre correspond à une paire de chiffres : le premier est le numéro de la colonne, et le second le numéro de la ligne. Par exemple, 38 = colonne 3 et ligne 8, soit la lettre D.*

| | 0 | 1 | 2 | 3 | 4 |
|---|---|---|---|---|---|
| 5 | A | F | N | T | X |
| 6 | J | B | G | O | U |
| 7 | Q | K | C | H | P |
| 8 | V | R | L | D | I |
| 9 | Y/Z | W | S | M | E |

16 48 28 38 - 09 49 48 35 46 25 26

_ _ _ _ - _ _ _ _ _ _ _

**1** En 1952, ce quotidien illustré voit le jour en Allemagne. Les directeurs de publication demandent au dessinateur Reinhard Beuthien de dessiner un personnage comique pour combler les vides. Il dessine un bébé. Pas convaincu, le rédacteur en chef lui demande de revoir sa copie.

28 48 28 28 48

_ _ _ _ _

**2** On garde le visage de bébé, on lui ajoute des cheveux longs et un corps de rêve, c'est ainsi que naît un nouveau personnage. Sexy, séductrice, cette femme parle librement de sa sexualité et ne cache pas ses sugar daddies. Elle fait un tabac auprès de son public cible: les hommes adultes.

18 36 28 15 37 05 46 29 29 49 18

_ _ _ _ _ _ _ _ _ _ _

**3** En 1953, *Bild* fait appel à ce fabricant de figurines, pour donner vie à Lilli. La poupée articulée de 30 cm aux mensurations irréelles est créée et vendue en boutique: les fans se l'arrachent.

18 46 35 37 37 05 25 38 28 49 18

_ _ _ _ _ _ _ _ _ _ _

**4** Lors d'un voyage en Allemagne, la femme du co-fondateur de Mattel repère Lilli dans une vitrine. Ni une, ni deux, elle l'achète et la ramène aux États-Unis et fait construire des répliques par l'entreprise de son mari.

47 36 25 09 35 05 48 28 25 ° 46 25

_ _ _ _ _ _ _ _ _ ° _ _

**5** C'est sous ce charmant nom qu'est créée la célèbre poupée. Très vite, elle sera renommée Barbie, diminutif de Barbara, le prénom de la fille de Ruth Handler. Dès son lancement en 1959, 35 000 poupées Barbie sont vendues aux États-Unis.

39 05 35 35 49 28

_ _ _ _ _ _

**6** En 1964, l'entreprise propriétaire de Barbie paie 69 500 deutsche marks (soit 35 000 €) à Rolf Hausser pour les droits. Il n'a plus le droit de fabriquer ni commercialiser Lilli. Sa société, O & M Hausser, fera faillite un peu plus tard.

**Réponses:** Bild-Zeitung / Lilli / Rolf Hausser / Ruth Handler / Ponytail n°1 (un) / Mattel

MATHS
FORCE 2

# Le juste prix

**T'as déjà entendu dire que l'immigration et les minima sociaux coûtent énormément d'argent à la France? Pourtant, y a plein de choses qui coûtent réellement très cher, mais ça arrange bien le gouvernement de pas trop en parler.**

Pour chaque énoncé, écris « c'est plus » ou « c'est moins » entre les deux propositions, pour savoir ce qui vaut le plus d'argent.

**1**

La fraude au RSA ___________ que le non-recours au RSA.

**2**

La fraude fiscale ___________ que la fraude au RSA.

**3**

Le budget des armées 2023 ___________ que le budget de la santé 2023.

**4**

L'aide accordée à Air France suite au Covid-19 ___________ que le budget total alloué à l'égalité en 2022.

**5**

Le coût de l'immigration ___________ que le coût de l'inégalité entre les genres.

**Réponses :** 1. C'est (20 fois) moins / 2. C'est (100 fois) plus / 3. C'est (24 fois) plus / 4. C'est (1 milliard de) plus / 5. C'est (10 fois) moins

SCIENCES
FORCE 2

# Les hommes pensent pouvoir...

**Les hommes ont tendance à surestimer leurs capacités, à tel point que certaines études démontrent qu'ils pensent pouvoir réaliser des choses absolument irréalistes. Sauras-tu trouver où se cache l'ego masculin?**

**1** Dans une étude de 2023, la moitié des hommes interrogés ont répondu qu'ils seraient capables de faire atterrir un avion en cas d'urgence.

○ VRAI ○ FAUX

**2** Dans un sondage de 2021, 6 % d'hommes interrogés déclarent être capables de battre un grizzli à mains nues.

○ VRAI ○ FAUX

**3** Une étude de 2016 avance que 18 % des hommes interrogés pensent être capables de survivre dans un environnement hostile.

○ VRAI ○ FAUX

**4** Une étude de 2023 met en exergue que 96 % des hommes hétérosexuels interrogés pensent pouvoir donner un orgasme à une femme à chaque fois.

○ VRAI ○ FAUX

**5** Une étude de 2019 indique qu'un homme interrogé sur huit pense pouvoir mettre un point à Serena Williams lors d'un match de tennis.

○ VRAI ○ FAUX

**Réponses :** 1. Vrai / 2. Vrai / 3. Faux / 4. Faux, enfin peut-être que c'est vrai, après tout ça n'aurait rien d'étonnant / 5. Vrai

# POISON, SORCELLERIE, PLONGÉE DANS LE PARIS NOIR

## LA VOISIN : L'EMPOISONNEUSE DE LA COUR DU ROI SOLEIL

***Dans la France du XVII^e^ siècle, au milieu du faste de la cour du Roi-Soleil, une figure fait trembler l'élite décadente de la société. La Voisin, diseuse de bonne aventure redoutée et praticienne clandestine de magie noire, deviendra le personnage central de l'un des chapitres les plus scandaleux de l'histoire de France.***

### LA SORCIÈRE DE L'OMBRE

Catherine Monvoisin, née Deshayes et connue sous le nom de la Voisin, vient d'un milieu modeste. Sage-femme devenue faiseuse d'anges, elle aidera des centaines de femmes à avorter, à une époque où c'était interdit par la loi. Pourtant, ce n'est pas ce qu'on retient de son histoire. Non, la Voisin est avant tout accusée de sorcellerie.
Dans sa maison rue Beauregard, elle tire les cartes, lit l'avenir et aide ses client·es à se débarrasser de leurs ennemi·es. Sa réputation en matière de divination, de philtres d'amour et de magie noire est bien connue de l'aristocratie. Elle tient des rendez-vous secrets, des messes noires pendant lesquelles ont lieu des sacrifices. Elle prépare aussi potions et poisons pour le compte de sa riche clientèle.

La rumeur dit que marquise de Montespan, maîtresse de Louis XIV, aurait fait appel aux services de la Voisin pour éliminer sa rivale, la duchesse de Fontanges, et retrouver les faveurs du Roi-Soleil.

### L'AFFAIRE DES POISONS

Entre 1676 et 1682, une série d'empoisonnements secoue la cour; c'est le début de l'affaire des poisons. Elle démarre avec la marquise de Brinvilliers qui avoue dans ses lettres avoir empoisonné plusieurs personnes, dont son père et ses deux frères.

Quelques années plus tard, l'affaire ricoche sur les fameuses messes noires tenues par la Voisin. Dénoncée par Marie Bosse, autre empoisonneuse de métier, la Voisin est arrêtée en 1679. L'aspect sordide de ses rituels éclate au grand jour. Lors des messes noires, la Voisin place ses clientes nues sur le sol, sacrifie un enfant en l'égorgeant, puis mélange son sang à celui d'une chauve-souris pour achever le rituel.

Portrait de Catherine Deshayes, dite La Voisin

Ce qui choque le plus le roi n'est pas la prétendue sorcellerie, mais bien la liste des client·es de la Voisin : des nobles, des favorites et même des membres de la cour ! Devant l'ampleur de l'affaire, un tribunal spécial est créé : la Chambre ardente. Malheureusement pour l'histoire, Louis XIV fait brûler les « faits particuliers » du procès en 1709, sans doute pour préserver l'image de sa cour. Si elle est loin d'être la seule impliquée dans l'affaire des poisons, la Voisin sert d'exemple. Elle avoue ses crimes et s'en repent. Elle est condamnée à mort, à la peine du bûcher.
On sait aujourd'hui que la Voisin n'était pas une sorcière, mais une femme brillante et néanmoins sans scrupules, qui s'est servie des croyances et peurs de l'époque pour créer un commerce aussi lucratif que mortifère. Avec son exécution, elle devient la parfaite représentante de cette nouvelle société qui condamne les pratiques occultes pour se tourner vers la foi chrétienne.

Depuis le XVII^e^, une question demeure : condamne-t-on les femmes pour leurs crimes ou parce qu'elles menacent l'ordre établi ?

# DÉCAPITATION...

# DU XVIIe SIÈCLE

## LA PRINCESSE JABIROWSKA : LA BOUCHÈRE DE LA RUE COURTALON

Judith décapitant Holopherne, Artemisia Gentileschi

**1671, la terreur règne. 26 hommes, âgés de 18 à 25 ans, disparaissent mystérieusement, rue Courtalon. Les rumeurs vont bon train. Certain·es supposent que les menuisiers de la rue sont ciblés, d'autres penchent pour une théorie antisémite et accusent les juifs d'enlever les chrétiens. Une théorie, sans doute la plus macabre, résistera à l'épreuve du temps : ces enlèvements seraient l'œuvre d'une princesse avide de sang.**

### L'ENQUÊTE AU POINT MORT

Le seul élément dont dispose la police est mince : les jeunes hommes auraient tous été vus en compagnie de jolies jeunes femmes, près de cabarets peu recommandables. Aucun corps, aucun vêtement, aucun objet n'est retrouvé. L'enquête stagne. Gabriel Nicolas de La Reynie, le lieutenant général de la police, enrage. Le roi Louis XIV publie un décret royal : il offrira 1000 livres en récompense à la personne qui saura démasquer le ou la coupable. La Reynie charge le détective Benoît Lecoq de l'affaire. Lecoq a une idée : se servir d'Exupere, son fils de 17 ans, comme appât.

### UNE RENCONTRE HORS DU COMMUN

Pendant plusieurs jours, celui qu'on surnomme l'Éveillé flâne dans les rues de Paris, chaîne en or visible et bourse audible. Le 14 juillet, près des Tuileries, il fait une étrange rencontre.

Une jeune femme à la beauté entêtante lui sourit, avant de disparaître dans un carrosse. Sa duègne s'approche du jeune Exupere et lui demande s'il souhaite rencontrer son énigmatique maîtresse. L'histoire de la chaperonne est pour le moins intrigante. La jeune femme serait une riche héritière, née de l'union illégitime d'une marchande de la rue Saint-Denis et le prince Jabirowski, un prince polonais. Honnête homme, le prince Jabirowski serait reparti en Pologne pour demander au roi le droit de reconnaître sa fille, mais aurait été froidement assassiné sur la route. Le roi de Pologne, ayant eu vent de cette histoire, aurait décidé que le titre et la fortune du défunt prince reviendrait à sa fille. C'est ainsi que la jeune femme serait devenue la princesse Jabirowska.

L'Éveillé entre dans le jeu de la chaperonne et prend rendez-vous pour le soir même. Caché, le détective Lecoq observe son fils à distance. Ce dernier est conduit vers une maison reculée. Devant la beauté de la princesse, Exupere perd ses moyens. La police intervient et fouille la maison. Très vite, le salon se transforme en scène d'horreur : derrière un paravent, une armoire secrète. En l'ouvrant, la police découvre une sinistre collection : 26 têtes découpées et soigneusement momifiées, alignées sur des plateaux d'argent.

### LA SINISTRE VÉRITÉ

Ce n'est pas une princesse polonaise, mais une Anglaise répondant au nom de Guilford que le jeune Exupere a rencontré. Sa beauté attirait de riches jeunes hommes et ses complices faisaient le reste : la fausse servante donnait rendez-vous aux victimes et quatre hommes se chargeaient de les tuer et de les décapiter. Une fois les victimes tuées, les têtes étaient soigneusement conservées et envoyées en Allemagne pour des études phrénologiques. Les corps, quant à eux, étaient vendus à des étudiants en médecine pour être disséqués.

Après les aveux de la fausse princesse, les meurtriers sont pendus. La fausse servante est envoyée au bagne. Mais qu'advient-il de Jabirowska ? On ne le sait pas. L'histoire veut que la malicieuse princesse échappe à la pendaison en se liant d'amitié avec Monsieur, le frère du roi...

Quoi qu'il en soit, la légende de la princesse Jabirowska résonne comme un avertissement : vouloir conquérir à tout prix la beauté d'une femme peut être fatal. Messieurs, vous êtes prévenus.

# Art & astrologie

**Relie chaque œuvre au signe astrologique qui pourrait appartenir au modèle central.**

1

2

3

4

★ Sagittaire : 23 novembre - 21 décembre ★

★ Capricorne : 22 décembre - 20 janvier ★

★ Verseau : 21 janvier - 19 février ★

★ Poissons : 20 février - 20 mars ★

★ Bélier : 21 mars - 20 avril ★

★ Taureau : 21 avril - 20 mai ★

★ Gémeaux : 22 mai - 21 juin ★

★ Cancer : 22 juin - 22 juillet ★

★ Lion : 23 juillet - 22 août ★

★ Vierge : 23 août - 22 septembre ★

★ Balance : 23 septembre - 22 octobre ★

★ Scorpion : 23 octobre - 22 novembre ★

12

11

10

9

5

6

7

8

**Réponses :**
1. Lion
2. Taureau
3. Verseau
4. Sagittaire
5. Vierge
6. Balance
7. Capricorne
8. Poissons
9. Gémeaux
10. Cancer
11. Scorpion
12. Bélier

FORCE 1

# Harcèlement de rue: ta réaction selon ton signe astro

**Tu te balades tranquilou bilou quand soudain un homme t'arrête pour te dire lourdement qu'il aimerait faire ta connaissance et plus si affinités. N'écoutant que ton thème astral, voici comment tu réagis…**

## Bélier

Tu le traites de tous les noms en continuant à marcher. Après quelques mètres, tu rebrousses chemin pour retourner l'insulter copieusement jusqu'à ce qu'il se mette à pleurer.

## Taureau

Tu ne comprends pas tout de suite ce qu'il se passe. Quand tu réalises, tu pouffes. Chamboulé par ton air bonhomme imperturbable, le harceleur passe son chemin.

## Gémeaux

Tu fais semblant d'entrer dans son jeu, en lâchant *« Je n'aime pas les petits mecs à calvasse d'habitude, mais pour toi je vais faire une exception »* avec un grand sourire. Au final, c'est lui qui part, confus.

## Cancer

Tu fonds en larmes en disant que c'est vrai que tu te sens seul·e en ce moment et que t'as besoin de te sentir aimé·e. Apeuré par tes émotions (bah oui, c'est un homme), il fuit.

## Lion

Tu lui fais remarquer que t'es un 10 et qu'il ressemble à un pruneau. À quel moment il pense avoir une chance? Vexé, il te dit que t'es moche. Tu sais que c'est faux.

## Vierge

Tu enregistres son nom, son numéro et sa photo dans ton répertoire. Face à sa mine réjouie, tu l'informes qu'il sera bientôt convoqué au comico suite à la plainte pour outrage sexiste que tu vas déposer.

## Balance

Tu lui expliques avec pédagogie que le harcèlement de rue c'est agréable pour personne. Agacé et n'ayant rien d'intelligent à répondre (surprenant, tiens), il s'en va.

## Scorpion

Tu lui jettes le regard le plus froid du monde puis chuchotes: « *Meurs* », d'un ton menaçant. Une fois chez toi, tu tortures une poupée vaudoue à son effigie.

## Sagittaire

Tu te mets à imiter le cri de différents animaux. Inquiet, il s'éloigne alors que tu es à mi-chemin de ton répertoire, entre l'éléphant et le corbeau. Tu continues ta route, fier·e de toi.

## Capricorne

Tu retires tes écouteurs de tes oreilles pour t'assurer de ce qu'il vient de te dire. Certain·e d'avoir affaire à un nase, tu finis par soupirer, excédé·e: « *Mais je n'ai pas ton temps!* » Et tu traces ta route.

## Verseau

Tu t'exclames que ce n'est pas trop tôt et le somme de déballer la marchandise, histoire de pas perdre de temps. Bizarrement, il n'assume pas et se carapate, honteux.

## Poissons

Cette intervention non sollicitée te plonge dans des réflexions profondes : « *Quand vais-je retrouver ma tranquillité ? Suis-je condamné·e à une vie de frustrations ?* » Le harceleur est parti, ça fait 10 minutes que tu fixes le vide, sans réagir.

# Questions pour une CHAMPIONNE

## ON CHERCHE DES AUTRICES FÉMINISTES !

### PREMIÈRE CHAMPIONNE

Je suis une penseuse de la société
Mes écrits explorent des théories sur l'amour et la masculinité
Mon nom, en deux parties, sonne comme une cloche
J'aime croire qu'il suffit d'avoir la volonté de changer

**Je suis** ______________

### DEUXIÈME CHAMPIONNE

Barbie m'a consacré une poupée en 2021
Je suis une militante importante du mouvement des droits civiques aux États-Unis
Barack Obama m'a rendue femmage
Je sais pourquoi chante l'oiseau en cage

**Je suis** ______________

### TROISIÈME CHAMPIONNE

Mon vrai nom est Marie Gouze
J'ai été guillotinée
Je suis une figure incontournable de la Révolution française
J'ai écrit la Déclaration des droits de la femme et de la citoyenne

**Je suis** ______________

### QUATRIÈME CHAMPIONNE

Je suis la première femme de France à avoir eu des funérailles nationales
Je suis bisexuelle
J'ai déclaré : « *Les suffragettes me dégoûtent [...] Savez-vous ce qu'elles méritent, les suffragettes ? Le fouet et le harem* »
Ma vie a été adaptée au cinéma et Keira Knightley jouait mon rôle

**Je suis** ______________

### CINQUIÈME CHAMPIONNE

Je suis enseignante
Je n'aime pas Houellebecq (et j'ai bien raison)
Le roman qui m'a fait connaître est *La Place*
J'ai eu un prix Nobel de littérature en 2022 et j'ai fait pleurer les hommes pas contents que ce soit une femme qui obtienne ce prix

**Je suis** ______________

**Réponses :** 1. bell hooks / 2. Maya Angelou / 3. Olympe de Gouges / 4. Colette / 5. Annie Ernaux

# Elles ont fait des bébés toutes seules

**Pour la survie des espèces, il faut un mâle et une femelle, c'est comme ça. C'est d'ailleurs pour ça que l'homosexualité est contre-natur-anh (non). Eh bien coucou, c'est la nature qui vient te dire que tu te trompes! Dans le règne animal, des tas d'espèces ont recours à la parthénogénèse. C'est quoi? C'est quand les femelles s'auto-fécondent et se reproduisent… sans mâle. Si on avait l'habitude de le voir chez les insectes, de plus en plus d'espèces se reproduisent par parthénogénèse. Relie les points pour en découvrir quelques-unes.**

Les points sont à relier par un trait en suivant l'ordre croissant des nombres. Quand tu arrives sur une étoile, arrête le tracé en cours puis recommence un nouveau tracé à partir du chiffre suivant. Le point de départ est entouré pour t'aider à démarrer!

**1** Cet animal est la plus grande espèce de lézards vivante à ce jour! En 2006, une femelle en captivité dans un zoo a pondu des œufs viables, sans jamais avoir été en contact avec un mâle. Ces grands varans pourront atteindre jusqu'à 3 mètres de long et 90 kilos, de beaux bébés quoi!

**2** En 2016, quatre bébés de cette espèce naissent dans un aquarium australien, peuplé uniquement de femelles. Rebelote en Sardaigne en 2023 où une femelle donne naissance à une petite Ispera (espoir en sarde) dans un aquarium qu'elle partageait avec… une autre femelle. Les analyses ont montré qu'aucun chromosome mâle n'est présent chez ces bébés, comme quoi on n'en a pas besoin.

**Réponses :** 1. Le dragon de Komodo / 2. Le requin-zèbre

HISTOIRE FORCE 1

# Derrière chaque grand artiste...

**Le proverbe veut que «derrière chaque grand homme, il y a une femme.» Et derrière chaque grand artiste... il y a une femme dont il a pillé le travail. C'est en partie pour cela qu'on connaît très mal les œuvres faites par des femmes.**

Relie chaque femme artiste à l'homme qui lui a volé son travail ou l'a empêché de travailler. Attention, il y en a parfois plusieurs!

## LES FEMMES:

**Lee Krasner.** Cette peintresse est une pionnière de l'expressionnisme abstrait. Elle vivra dans l'ombre de son mari, alcoolique et violent. Elle décède en 1984, avant que son magnifique travail soit reconnu.

**Camille Claudel.** Cette sculptrice a vécu dans l'ombre de celui qui était son mentor puis amant. Elle co-réalisera ses pièces les plus ambitieuses et il puisera largement dans ses œuvres à elle. Pourtant, elle ne sera mentionnée nulle part, ni pour sa participation, ni pour son propre travail, aussi incroyable soit-il.

**Margaret Keane,** peintresse américaine. Ses peintures, des portraits d'enfants dotés de très grands yeux, sont connues du grand public... comme étant celles de son mari. Pendant des années, ce plagiaire s'est approprié son travail dans le plus grand des calmes.

**Françoise Gilot,** peintresse, rencontre un célèbre peintre. Elle a 21 ans, lui 61. Pendant leur relation, son art est totalement éclipsé au profit de son compagnon, violent de surcroît.

**Valérie Solanas,** dramaturge, est connue pour avoir tenté d'assassiner un célèbre artiste pop. Vivant dans son ombre, elle lui confie le seul manuscrit de sa pièce de théâtre, qu'il perd. Pour la dédommager, il lui propose de jouer dans son film «érotique» qui raconte les tentatives d'agressions sexuelles d'un homme sur huit femmes. Su-per.

**Gerda Taro,** photographe et militante antifasciste, a couvert la guerre civile espagnole. La majorité de ses photos ont été attribuées à son compagnon.

**Dora Maar,** photographe. Elle a vécu une relation d'emprise avec un célèbre peintre qu'elle inspira largement. Il lui demande un investissement total pour photographier ses œuvres à lui, au détriment de son art à elle et de sa santé mentale.

## LES HOMMES:

- Pablo Picasso
- Jackson Pollock
- Walter Keane
- Andy Warhol
- Auguste Rodin
- Robert Capa

**Réponses:** Lee Krasner → Jackson Pollock / Camille Claudel → Auguste Rodin / Margaret Keane → Walter Keane / Dora Maar et Françoise Gilot → Pablo Picasso / Valérie Solana → Andy Warhol / Gerda Taro → Robert Capa

# Labyrinthe

**Être féministe et en couple hétérosexuel, c'est se retrouver à naviguer dans la complexité d'une relation humaine avec en plus une bonne dose de patriarcat. La seule issue favorable pour toi et ton couple… c'est le célibat.**

Retrouve le chemin du célibat ci-dessous.

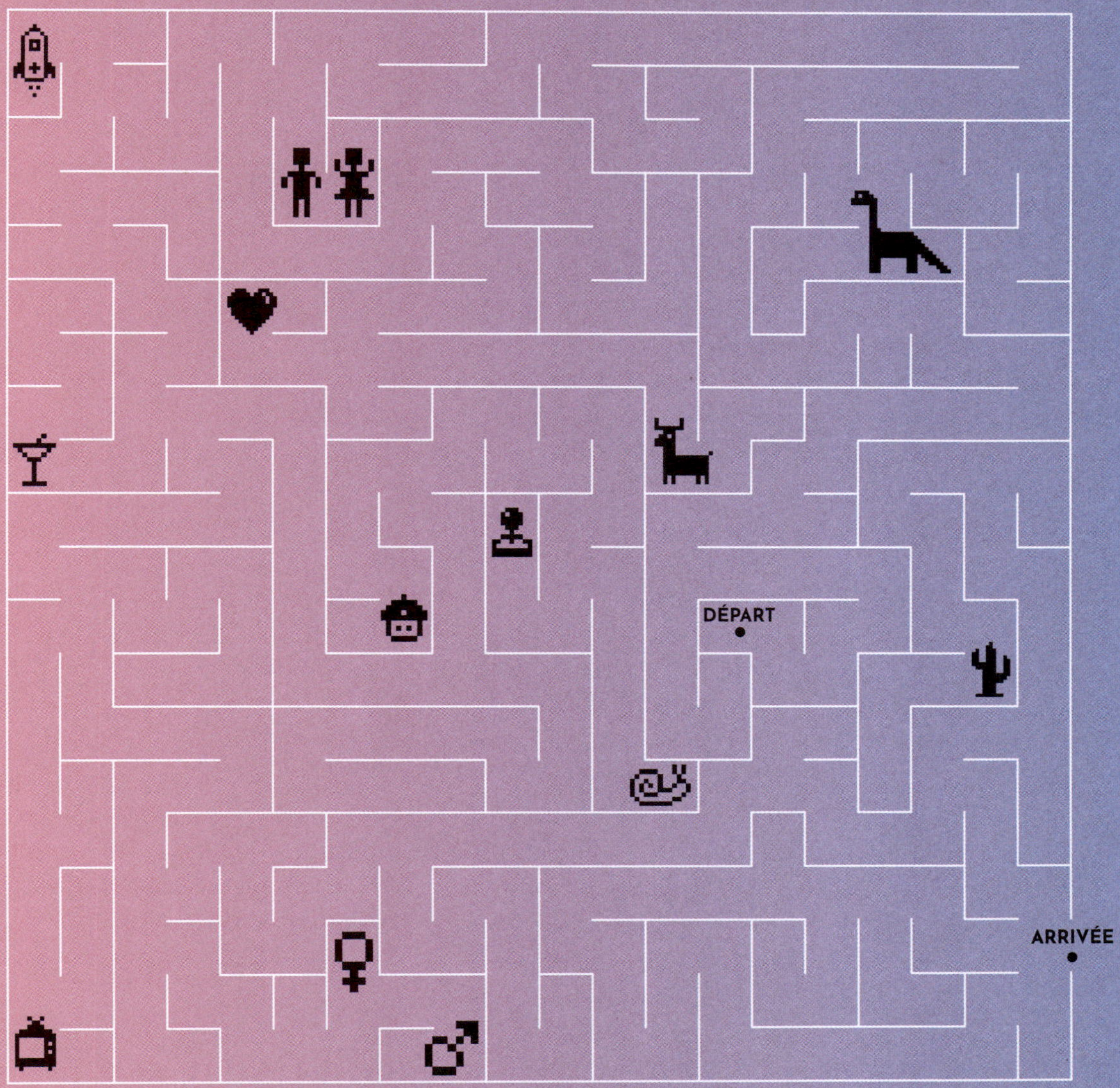

# ALEXANDER LE WEINSTEIN

Eunice Pringle (en 1932) et Alexandre Pantages (lors de son procès de 1929).

**À l'ère du vaudeville et des premiers films, un homme marque l'histoire : Alexander Pantages, celui dont l'ascension fulgurante n'a d'égale que sa brutale chute. Retour sur la vie de l'impresario qui a construit un empire avant d'être rattrapé par ses crimes.**

## DE LA RUÉE VERS L'OR À L'EMPIRE DU DIVERTISSEMENT

Pericles Pantages naît sur l'archipel du Dodécanèse, au nord de la Crête, vers 1864. À l'âge de 9 ans, il fuit le domicile familial et change de nom. Alexandre Pantages est né. En 1896, il déménage à San Francisco et rêve de grandeur. Il participe à la ruée vers l'or du Klondike qui le conduit jusqu'aux rues animées de Dawson City, au Canada. Il y découvre le monde vibrant du théâtre.

Il y rencontre la célèbre artiste burlesque Katherine « Klondike Kate » Rockwell, avec qui il aura une aventure brève mais passionnelle. Ensemble, Alexander et Katherine ouvrent *The Orpheum*, un théâtre qui prospère au milieu de la fièvre de l'or. La rumeur veut que le monde de la nuit soit si populaire à Dawson City que les théâtres comme l'*Orpheum* sont les premiers à être équipés en électricité à la fin du XIXe. Petit à petit, Alexander Pantages installe les fondations de son empire à Seattle, au nord-ouest des États-Unis.

## LA CHUTE DE L'EMPIRE

Alors que l'empire théâtral de Pantages s'étend à travers l'ouest des États-Unis, son succès a été entaché par sa vie personnelle. À Seattle, Pantages rencontre Lois Mendenhall, jeune violoniste, qu'il épouse clandestinement. Apprenant la nouvelle, Klondike Kate le poursuit en justice : il avait promis de l'épouser et n'a pas tenu sa promesse. Il règle l'affaire à l'amiable : Pantages verse la somme de 25 000 dollars à Kate, du jamais-vu pour l'époque.

À cette époque, Pantages est un magnat du théâtre, il possède alors plus de 70 salles de vaudeville et de cinéma dans son empire qu'il appelle Pantages Theaters.

En 1918, la fortune de Pantages s'élève à 5 millions de dollars (l'équivalent de 85 millions aujourd'hui). Malheureusement pour lui, la scène du divertissement change. Les films ne sont plus muets, le vaudeville est en déclin. En 1929, il vend 6 de ses salles à Radio Keith Orpheum, puis 2 autres à Warner Bros, ses concurrents. Est-ce la fin pour Pantages Theaters ?

## UNE AGRESSION TRISTEMENT BANALE

Ce n'est pas l'avènement du cinéma qui sonne le glas d'Alexander, mais une jeune danseuse nommée Eunice Pringle. En août 1929, juste après la vente de ses salles, Eunice Pringle parle : Alexander l'a agressée sexuellement et elle demande justice. Elle décrit une rencontre effrayante qui se termine en agression violente dans une petite antichambre du théâtre emblématique de Pantages, qui servait de bureau au magnat de l'industrie.

L'histoire est tristement banale : une jeune danseuse de 17 ans qui espère faire carrière se retrouve face à un millionnaire de 54 ans qui a tous les pouvoirs, dont celui de la faire percer. Lors du procès, Eunice dit qu'Alexander Pantages lui a pris les mains, lui a affirmé qu'il lui donnerait du travail avant de la prendre dans ses bras. « *Je suis fou de toi* », dit Alexander avant de l'agresser. La suite est faite de morsures, coups et bijoux cassés. Eunice parvient à s'enfuir et interpelle un policier dans la rue.

Côté défense, rien de bien original non plus. Pantages prétend que c'est Eunice qui lui a fait des avances et que, face à son refus, elle serait devenue violente. Il passe ensuite à la théorie du complot : elle en voudrait à son argent ou ferait partie d'un complot visant à le détruire.

# PANTAGES DES ANNÉES FOLLES

Le Pantages Theater de Los Angeles.

Portrait de Katherine « Klondike Kate » Rockwell.

Eunice reste droite dans ses bottes : son témoignage ne change pas. L'enquête révèle qu'au moins trois autres femmes affirment avoir été harcelées sexuellement par Pantages.

## JUSTICE COMPLICE ?

Le 27 octobre 1929, après plus de 50 heures de délibération, le jury, composé de 7 femmes et 5 hommes, déclare Alexander Pantages coupable. Il est condamné à une peine de prison de 6 mois à 50 ans, à la discrétion du conseil des prisons de l'État. Pantages fait appel. En attendant son nouveau procès, il fait l'objet d'une nouvelle plainte pour agressions sexuelles : des jeunes filles auraient été emmenées à une fête dans un hôtel de San Diego et dans un manoir situé juste au-delà de la frontière de San Diego, au Mexique, où Alexander Pantages les aurait agressées. L'affaire est classée pour vice de procédure.

Le procès en appel contre Eunice Pringle démarre. Contrairement au premier procès, les avocats de la défense ont cette fois-ci le droit de s'attaquer à la personnalité et au passé d'Eunice. La salle d'audience devient un champ de bataille où la réputation des victimes entre en jeu.

En novembre 1931, Pantages est acquitté par un jury composé de 8 hommes et 4 femmes. Pour le jury, ce qu'il s'est passé dans le bureau de Pantages tombe sous le coup du « doute raisonnable » et ne peut être corroboré. Un procès « parole contre parole », où la plus puissante l'emporte.

Consciente du rapport de forces entre son agresseur et elle, Eunice Pringle déclare après le second procès : « *Il semble que quiconque se bat pour la justice est voué à l'échec. Ce verdict montre bien la valeur que douze personnes au moins, dans l'État de Californie, accordent à l'honneur d'une jeune fille. [...] On dit "in God we trust", mais c'est écrit sur un dollar.* »

Eunice Pringle contre Alexander Pantages, c'est MeToo bien avant l'heure. La preuve que les dynamiques de pouvoir, l'exploitation des femmes et la réalité brutale à laquelle sont confrontées les victimes résonnent à travers les corridors du temps.

Vue de Dawson City en 1899.

FORCE 1

# Check ta charge mentale

**La charge mentale, on en entend beaucoup parler, on sait intuitivement ce que c'est, mais on a beaucoup de mal à la quantifier et l'évaluer. On t'a donc préparé une liste, tu n'as plus qu'à cocher à côté des tâches que tu fais, si t'es la-le seul-e à les faire.**

## score

Les activités de la liste tous les jours comptent pour 4 points chacune.
Les activités de la liste une fois par semaine comptent pour 3 points chacune.
Les activités de la liste une fois par mois comptent pour 2 points chacune.
Les activités de la liste une fois par an comptent pour 1 point chacune.

**Une fois que c'est fait, tu passes la liste à ton-ta partenaire et let's go comparer vos scores.**

### Avec les enfants

| | |
|---|---|
| Tous les jours | • Préparer les goûters • Déposer les enfants à l'école • Aider aux devoirs • Jouer avec • Lire une histoire • Habiller / déshabiller • S'occuper du bain / lavage de dents / de mains • Nourrir • Réveiller les enfants • Coucher les enfants |
| Une fois par semaine | • S'occuper des activités des enfants quand ils reçoivent des copaines • S'occuper des sacs des enfants lorsqu'ils vont ailleurs • Sociabiliser avec les autres parents • Déposer aux activités extrascolaires • Préparer les activités et participer aux activités du week-end • Se lever dans la nuit si les enfants en ont besoin |
| Une fois par mois | • S'occuper du cadeau des camarades de classe pour les anniversaires• Acheter les fournitures scolaires, sportives, etc.• Acheter les vêtements dès que les enfants grandissent• Prendre rendez-vous chez les médecins• Emmener les enfants chez les médecins• Aller à la pharmacie• S'occuper de trouver une personne pour garder les enfants• Réparer les vêtements• S'occuper des enfants malades |
| Une fois par an | • S'occuper des vaccins• S'occuper des cadeaux de Noël• S'occuper de la fête d'anniversaire • S'occuper des cadeaux d'anniversaire• Aller aux réunions parents-profs |

### À la maison

| | |
|---|---|
| Tous les jours | • Laver et étendre le linge • Plier et ranger le linge • Faire les lits • Cuisiner • Faire la vaisselle, vider le lave-vaisselle et ranger la vaisselle • Tenir à jour la liste des courses • Sortir les poubelles • Passer l'éponge sur les surfaces (tables, plan de travail, évier, etc.) • Ranger • Remettre un rouleau de papier toilette une fois vidé • Donner à manger aux animaux • Sortir le chien • Nettoyer la litière |
| Une fois par semaine | • Passer l'aspirateur • Laver les sols • Nettoyer la salle de bains • Nettoyer les toilettes • Faire la poussière • Faire le repassage • Faire les courses • Planifier les repas • Acheter des fruits et des légumes |
| Une fois par mois | • Changer les draps et housses • Nettoyer les canalisations • Réparer les choses (réparables) • Payer les factures • Recycler • Décorer la maison • S'occuper du jardin • Monter les meubles • Nettoyer les vitres • Nettoyer la poubelle • Nettoyer le micro-ondes |
| Une fois par an | • Nettoyer l'intérieur des meubles •Payer les impôts • Nettoyer le réfrigérateur et le congélateur •Nettoyer le four • S'occuper des encombrants •Rechercher les meilleures offres et y souscrire (internet, assurances, etc.) • Faire le tri dans ce qui est à donner / vendre •S'occuper des petites annonces pour vendre ce qu'on ne porte / utilise plus |

### Soin / Santé / Loisirs

| | |
|---|---|
| Tous les jours | • S'assurer des repas équilibrés • Être le soutien émotionnel de l'autre |
| Une fois par semaine | • Organiser des sorties de couple • Aller en thérapie de couple • Organiser les sorties avec les amis |
| Une fois par mois | • S'occuper de prendre rendez-vous chez le médecin • Prendre rendez-vous chez le coiffeur pour l'autre et les enfants • Appeler les proches et maintenir le contact • Gérer le budget |
| Une fois par an | • Prendre rendez-vous chez le dentiste • Prendre rendez-vous pour un bilan de santé • Prendre des photos-souvenirs • Préparer la célébration des années de couple • Envoyer les messages de joyeux anniversaire aux proches • Organiser les voyages / vacances • Faire les valises pour les voyages |

# TRADUISONS-LES

**Quand tu crées ton profil sur une application de rencontre, en général, tu ajoutes des photos et une petite biographie. Ce qu'on constate, c'est que les hommes hétéros ne sont pas très originaux... On t'a compilé le meilleur du pire des applis! Pour chaque profil, devine sa traduction honnête. Attention, plusieurs réponses sont parfois possibles.**

**1 Il a écrit « Fluent in sarcasm » (en français: je parle couramment le sarcasme). Ce qu'il veut vraiment dire:**

- **A.** Je suis grave drôle
- **B.** Je comprends le sarcasme, même quand il se traduit par des blagues misandres
- **C.** Je rabaisse constamment les autres en disant que c'est de l'humour

**2 Il a écrit « Ici pour ne plus y être ». Ce qu'il veut vraiment dire:**

- **A.** Je suis surtout ici
- **B.** Je me suis perdu
- **C.** J'attends la femme de ma vie

**3 Il a écrit « Sans prise de tête ». Ce qu'il veut vraiment dire:**

- **A.** Je veux niquer, préférablement une meuf qui ne parle pas.
- **B.** Je ne prends jamais la tête de personne.
- **C.** Je ne me prends jamais la tête entre les mains.

**4 Il a écrit « #MMM » (acronyme de *Mixed Marvelous Minds* qui désigne à l'origine les personnes déconstruites sur la sexualité et ses injonctions). Ce qu'il veut vraiment dire:**

- **A.** Je suis le gendre idéal.
- **B.** Je vais te faire croire que je suis déconstruit, je suis juste un gros connard.
- **C.** J'ai vu un # qui avait l'air cool alors je l'ai ajouté mais en vrai je sais même pas ce que ça veut dire.

**5 Il a écrit « En couple libre ». Ce qu'il veut vraiment dire:**

- **A.** On s'aime librement.
- **B.** Mais elle le sait pas.
- **C.** Libéré, délivré.

**Réponses:** 1. C / 2. A / 3. A / 4. B et C / 5. B.

HISTOIRE *FORCE 1*

# France: femmes et avancées sociales

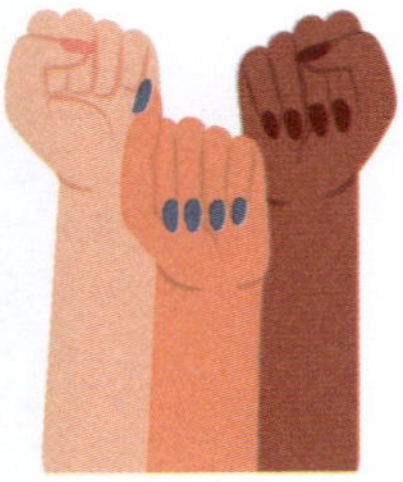

**On pense souvent que les avancées sociales sont l'affaire de politicien·nes et que les mouvements sociaux sont un truc d'hommes. Pas du tout, les travailleuses en bas de la chaîne sociale se sont toujours battues pour leurs droits!**

**À l'aide du code morse, déchiffre l'histoire de ces travailleuses qui te rappellent que le féminisme sans lutte des classes, c'est du développement personnel.**

| | | | |
|---|---|---|---|
| A .- | B -... | C -.-. | D -.. |
| E . | F ..-. | G --. | H .... |
| I .. | J .--- | K -.- | L .-.. |
| M -- | N -. | O --- | P .--. |
| Q --.- | R .-. | S ... | T - |
| U ..- | V ...- | W .-- | X -..- |
| Y -.-- | Z --.. | | |

**1** Pendant la Première Guerre mondiale, les femmes remplacent les hommes dans les usines. Le rythme est infernal et les salaires très bas. Ni une, ni deux, les couturières font grève et descendent dans les rues, vite rejointes par les ouvrières des usines d'armement. Elles réclament le passage à la semaine anglaise: les Anglaises ne travaillent pas l'après-midi. Dépassé par ces manif', le gouvernement vote la semaine de 5 jours en 1917 et l'étend en 1919 à tou·tes les travailleur·euses. La semaine de 5 jours, c'est grâce à la grève des...

-- .. -.. .. -. . - - . ...

M _ _ _ _ _ _ _ _ S

**2** En Bretagne, les sardinières, femmes et filles d'usine de conserve de sardines, sont payées au lance-pierre. Fatiguées et en colère, elles font grève pour être mieux payées et ne plus être soumises à une cadence inhumaine (elles travaillent parfois 72 heures d'affilée). Le 6 janvier 1925, après 6 semaines de grève, les conserveurs capitulent, les sardinières obtiennent 1 franc de l'heure (0.80 avant la grève), avec heures supplémentaires et la reconnaissance du droit syndical. Ça s'est passé à...

-.. --- ..- .- .-. -. . -. . --..

D _ _ _ _ _ _ _ _ Z

**3** En 2019, une vingtaine de femmes de chambre se mettent en grève pour réclamer de meilleures conditions de travail, une revalorisation de leur salaire et la fin de la sous-traitance. Après 22 mois de lutte, elles font plier le groupe Accor obtiennent gain de cause sur toutes leurs revendications, ainsi que la réintégration de deux personnes dont les CDD avaient été rompus durant la grève et la prise en compte des heures supplémentaires. En 2022, Rachel Keke, figure du mouvement, est élue députée. C'était le combat des femmes de chambre de l'hôtel Ibis...

-... .- - .. --. -. --- .-.. .-.. . ...

B _ _ _ _ _ _ _ _ _ S

**Réponses:** 1. Midinettes / 2. Douarnenez / 3. Batignolles.

LANGUE / LITTÉRATURE

FORCE 3

# Une citation, une femme

**Des autrices féministes, lesbiennes, engagées, émancipées, on en a toujours eu, mais rares sont celles dont on retient les noms. Relie la citation à son autrice!**

**A**
Mireille Havet, autrice féministe ouvertement lesbienne, elle fut emportée par la drogue à 33 ans, dans la pauvreté. Son roman *Carnaval* s'inspire d'une de ses relations amoureuses qu'elle a déguisée en relation hétérosexuelle. Citation tirée de son *Journal*.

**B**
Parini Shroff, autrice contemporaine, *The Bandit Queens* est son premier roman et on espère qu'il sera traduit très bientôt!

**C**
Audre Lorde, poétesse afroaméricaine, était une figure importante dans le mouvement féministe et LGBTQ+ ainsi que dans le mouvement des droits civiques aux États-Unis. Citation issue de *Sister outsider, essais et propos sur la poésie, l'érotisme, le racisme, le sexisme.*

**D**
Natalie Barney, grâce à son esprit indépendant et son amour des lettres, a contribué à accroître la visibilité des lesbiennes dans le Paris de la Belle Époque et de l'entre-deux-guerres. Citation tirée de *Pensées d'une amazone*.

**E**
Karin Boye, autrice et poétesse lesbienne, elle est une des auteurices majeur·es de science-fiction dystopique, mais comme elle est une femme, on ne s'en souvient pas. Elle avait 40 ans lorsqu'elle s'est suicidée. Citation tirée de *Kallocaïne*.

**1** *De mauvaise compagnie pour eux-mêmes, ils recherchent autrui.*

**2** *Tristesse ! Tristesse, je ne puis rien supporter, j'ai en moi la haine de l'homme, l'instinct unique de la défense, de la fuite et de l'injure. Tout en eux me semble grossier et ridicule, j'ai la haine de leur corps, de leur chair, de leur sexe, de leur désir. Ils sont pour moi d'infâmes faiseurs d'enfants, blesseurs de rêves, ennemis et bourreaux de nos tendresses et de nos féminités. J'ai la haine de l'homme! Ah! le crier bien haut! le hurler dans la rue, le hurler jusqu'à ce que les fragiles et nerveuses cordes de mon cou se rompent, et que j'en meure, puisque je suis, de par mon instinct même, préposée à l'ironie, au blasphème, à ce que l'on croit le vice, et que je scandalise la morale établie de nos sociétés. Les hommes, quelle cochonnerie.*

**3** *Les femmes sont inférieures aux hommes, me disais-je. [...] Elles ne servent qu'à produire de nouveaux guerriers. Les placer officiellement sur un plan d'égalité revenait à leur faire une faveur, à les flatter pour qu'elles soient heureuses et se tiennent tranquilles. Tout le monde savait ça.*

**4** *Malheureusement, le statu quo est que la situation est difficile pour toutes les femmes, et que les amitiés féminines sont ce qui nous permet de traverser l'obscurité et l'absurdité de la vie. Ces liens ne sont toutefois pas toujours faciles à tisser dans un monde désireux de diviser, de marquer et d'étiqueter comme «l'autre».*

**5** *Mais extérioriser la colère, la transformer en action au service de notre vision et de notre futur, est un acte de clarification qui nous libère et nous donne de la force, car c'est par ce processus douloureux de mise en pratique que nous identifions qui sont les allié-e-s avec lesquel-le-s nous avons de sérieuses divergences, et qui sont nos véritables ennemi-e-s.*

**Réponses:** 1.D / 2. A / 3. E / 4. B / 5. C

POP CULTURE
FORCE 1

# Titres d'hier ou *d'aujourd'hui*

**Le traitement médiatique des violences faites aux femmes a de quoi faire rouler les yeux. On pourrait croire qu'il s'agit d'un temps révolu, et pourtant. Sauras-tu dire si ces titres datent d'hier ou d'aujourd'hui?**

**1**
Drame de la jalousie. Poignardée par son mari

**HIER / AUJOURD'HUI**

**2**
Une vengeance digne des Borgia

**HIER / AUJOURD'HUI**

**3**
Une grosse dispute qui vire au drame

**HIER / AUJOURD'HUI**

**4**
L'histoire d'amour finit mal, il écope d'une peine de prison

**HIER / AUJOURD'HUI**

**5**
Affolé de jalousie. Poignardée par l'amant de sa fille

**HIER / AUJOURD'HUI**

**6**
Le crime d'une brute

**HIER / AUJOURD'HUI**

**7**
Elle énervait son compagnon, il la tue et la met à la poubelle

**HIER / AUJOURD'HUI**

**8**
Malheureux en amour, il se livre aux fauves

**HIER / AUJOURD'HUI**

**On te conseille de lire *Défaire le discours sexiste dans les médias* de Rose Lamy, alias @preparez_vous_pour_la_bagarre (ed. JC Lattès).**

**Réponses:** 1. Hier, XIXe s. / 2. Hier, XIXe s. / 3. Aujourd'hui, en 2023 / 4. Aujourd'hui, en 2019 / 5. Hier, XIXe s. / 6. Hier, XXe s. / 7. Aujourd'hui, en 2017 / 8. XXe s.

SPORT
FORCE 2

# Les inégalités dans le sport

**Le sport, c'est une affaire d'hommes. Bah ouais, même si la parité est atteinte (askip) lors des Jeux olympiques 2024, l'égalité, elle, est loin d'être le mot d'ordre.**

**Réponds à ces questions pour réaliser l'ampleur des dégâts, une ou plusieurs réponses sont possibles.**

**1** **Parmi les femmes ne pratiquant aucune activité physique, quel pourcentage travaille en tant qu'employée ou ouvrière?**

**A.** 25 %
**B.** 50 %
**C.** 75 %
**D.** 100 %

**2** **Quelles activités physiques les femmes privilégient-elles principalement?**

**A.** Activités d'entretien, de mise en forme et de loisir sportif
**B.** Pratiques compétitives et encadrées en club
**C.** Les deux de manière égale
**D.** Aucune des réponses ci-dessus

**3** **Quels sports olympiques ont une participation féminine de 80 % ou plus?**

**A.** Sports de glace
**B.** Équitation
**C.** Gymnastique
**D.** Tir

**4** **Les sports privilégiés par les hommes impliquent:**

**A.** Du combat
**B.** Du jeu collectif de grand terrain en extérieur
**C.** Du jeu d'adresse
**D.** Un grand self control

**5** **Pourquoi les filles arrêtent massivement la pratique sportive à l'adolescence?**

**A.** Le sport est une composante valorisante dans la construction/affirmation de la virilité à l'adolescence des garçons et va donc à l'encontre de la construction de la féminité
**B.** Les espaces de jeux/sport récemment construits dans les villes sont quasi exclusivement investis par des garçons. Les filles en sont rejetées ou y sont moquées
**C.** L'arrivée des règles empêche la pratique d'un sport
**D.** Aucune de ces réponses, c'est comme ça, on sait pas

**Réponses :** 1. C / 2. A / 3. A, B et C / 4. A et B / 5. A et B

SCIENCES
FORCE 1

# Plus de chances de ... ou de ...?

**On croit souvent à tort qu'on a plus de chances de mourir dans un crash d'avion que de gagner au loto, et pourtant c'est le contraire. On a en réalité 1 chance sur 139 838 160 de gagner le gros lot à l'Euromillions et une chance sur 10 milliards de mourir en avion.**

Qu'est-ce qui a le plus de chances de se produire? Entoure la bonne affirmation.

**1** Un homme a plus de chances d'être faussement accusé de viol **OU** d'être victime de viol

**2** Une personne a plus de chances de mourir de noyade **OU** Une femme a plus de chances de mourir d'un féminicide

**3** Une femme a plus de chances de violences physiques et sexuelles au cours de sa vie **OU** Une personne a plus de chances d'avoir des problèmes d'audition au cours de sa vie

**4** Une personne a plus de chances d'être née un 29 février **OU** Un homme a plus de chances de mourir des suites de violences conjugales

**5** On a plus de chances de voir la fin du patriarcat **OU** de voir l'immortalité devenir possible

**Réponses :** 1. d'être victime de viol / 2. 1 chance sur 1 million de mourir par noyade et 0,0005 % de chances pour une femme de mourir par féminicide / 3. d'être victime de violences physiques et sexuelles (1 femme sur 3 et 1 personne sur 4) / 4. d'être née un 29 février (1 personne sur 1000) / 5. Franchement aucune idée, mais si on devait parier on dirait que l'immortalité ce sera bien avant.

# Focus

POP CULTURE

## Santé mentale des femmes : entre stigmatisation et instrumentalisation

**Dans la Grèce antique, Hippocrate qualifie la femme de bileuse dans sa théorie des humeurs. Le déséquilibre entre bile jaune, bile noire, sang et flegme provoqué par la perte de sang pendant les menstruations ferait de la femme un être à l'humeur excessive, fragile et instable. Si la société évolue, ce préjugé a traversé les siècles, obligeant les femmes à se taire quand il s'agit de leur santé mentale.**

### LES FEMMES, DES INSTABLES HISTORIQUES

Au XIXe, les standards entrent dans la médecine. On juge de l'état de santé d'une personne en la comparant à un standard. La médecine et la biologie étant uniquement pratiquées par des hommes, inutile de te dire que le standard c'était un corps d'homme, particulièrement d'un homme blanc.

C'est ainsi que l'hystérie est devenue à la fois une explication pour tout ce que les hommes ne comprenaient pas chez les femmes, et une bonne excuse pour leur retirer leur autonomie. Pratique, non ?

Cette pathologisation de la santé, particulièrement la santé mentale, des femmes permet alors de les confiner à un rôle domestique (puisqu'elles sont trop faibles pour faire autre chose) voire de leur retirer leur libre arbitre (puisqu'elles sont trop émotives pour se gérer elles-mêmes).

### L'AUTONOMIE, C'EST FINI

En 2007, Britney Spears se rase la tête et attaque une voiture à coups de parapluie sous l'objectif des paparazzi. La presse se délecte : est-elle devenue complètement folle ? Peut-elle encore monter sur scène ? Élever ses enfants ? Gérer son argent ? Ni une ni deux, à 27 ans, elle est placée contre son gré sous la tutelle de son père, Jamie Spears, et de son avocat, Andrew Wallet. Ce n'est qu'en 2021 que la tutelle sera levée. Pendant treize ans, la justice a estimé qu'une femme adulte était incapable de gérer sa carrière, sa vie et son propre corps.

En 2015, l'actrice Hayden Panettiere donne naissance à sa fille Kaya. Elle souffre, sans le savoir, d'une sévère dépression post-partum. S'ensuit une addiction à l'alcool et aux opiacées. Voulant s'occuper au mieux de sa fille, elle l'envoie vivre avec son père le temps de faire une cure de désintox et de se concentrer sur sa santé mentale. Une décision honorable ? Pas si on en croit les tabloïds ou les réseaux sociaux qui l'accusent d'avoir abandonné sa fille. Aujourd'hui encore, elle peine à récupérer la garde de sa fille.

### L'HOMME N'EST PAS MALADE, IL EST TORTURÉ

Par contre les hommes, c'est pas pareil. En 2016, Kanye West a partagé son diagnostic : il est atteint d'un trouble bipolaire. Son récit est accueilli avec empathie et on ne voit aucun juge se précipiter pour le placer sous tutelle. Par contre, on se précipite pour analyser comment sa bipolarité influence son art. Jim Carrey souffre de dépression ? C'est pour ça qu'il est si drôle ! Hemingway était violent et alcoolique ? C'est essentiel pour ses nouvelles ! Kanye West dit des trucs antisémites ? Non mais c'est parce qu'il est bipolaire !

Quand on juge négativement les femmes pour leurs problèmes de santé mentale, ceux des hommes sont utilisés pour nourrir le fantasme du *génie torturé*, voire pour les excuser.

### DOUBLE PEINE POUR LES FEMMES RACISÉES

Depuis son mariage avec le prince Harry en 2018, Meghan Markle est la cible d'attaques incessantes, racistes, classistes et sexistes, de la presse people britannique. En 2022, elle parle de l'impact de la critique permanente sur sa santé mentale et avoue avoir eu des pensées suicidaires dans une interview avec Oprah Winfrey. Contrairement à ce qu'on pourrait croire, sa révélation ne suscite pas d'empathie. Piers Morgan, présentateur de l'émission *Good morning Britain*, est formel: « *Je ne crois pas un mot de ce qu'elle dit.* »

Lors des JO de Tokyo 2021, Simone Biles se retire de la compétition pour protéger sa santé mentale. Elle fait régulièrement des crises de panique, et souffre des répercussions de l'agression sexuelle de Larry Nasser, ancien médecin de l'équipe de gymnastique des USA. Loin d'être soutenue, elle est sauvagement attaquée dans les médias et sur les réseaux sociaux où des hommes en majorité l'accusent d'être lâche et de laisser tomber son équipe et son pays (rien que ça).

Comme toujours, le traitement réservé aux femmes racisées est bien pire. À l'instar de Meghan Markle et Simone Biles, lorsque les femmes noires se confient sur leur santé mentale, elles font l'objet d'attaques particulièrement violentes. Pourtant, il est prouvé que quand des célébrités parlent ouvertement et sans préjugés de santé mentale, cela a un impact positif dans la société, particulièrement pour les personnes concernées!

## LA PATHOLOGISATION, UNE ARME SEXISTE

Dans la tradition millénaire de l'hystérie, la santé mentale des femmes est utilisée contre elles. En 2022, des millions de personnes ont suivi le procès qui opposait Amber Heard à Johnny Depp. Un psychologue expert, mandaté par l'équipe de Depp, a diagnostiqué Amber Heard à la barre. D'après lui, l'actrice serait atteinte de trouble de la personnalité borderline et de trouble personnalité histrionique (la nouvelle façon de désigner ce qu'on nommait le trouble hystérique, un terme abandonné par la psychiatrie puisqu'il servait surtout à pathologiser le comportement des femmes). La psychologue et chercheuse Jessie Taylor est catégorique: il ne s'agit pas de diagnostics fiables mais de dénominations hautement controversées dans la communauté scientifique. Ces troubles sont d'ailleurs souvent utilisés pour décrédibiliser les femmes qui dénoncent les violences sexistes et sexuelles qu'elles subissent.

Dans notre société, les femmes qui parlent ouvertement de santé mentale sont attaquées, une méthode de silenciation classique. Les femmes qui challengent le *statu quo* sont jugées instables. Heureusement, il en faut plus pour nous faire taire. Alors, en bonnes instables, parlons de santé mentale, éduquons à l'empathie, la compréhension et offrons un véritable soutien à toutes les femmes, indépendamment de leur statut ou de leur célébrité.

# Quel *chick flick* mater ce soir?

CINÉ / TV
FORCE 1

**Un chick flick, c'est un anglicisme pour désigner les films (souvent des comédies, romantiques ou non) destinés à un public féminin. En bon français, on appelle ça des «films de filles». La beauté du film de filles, c'est son scénario vu et revu, ses stéréotypes de genre et son manque cruel de diversité! En réalité, le genre qui nous a offert quelques pépites. Fais le test pour savoir quel chick flick (re)découvrir ce soir!**

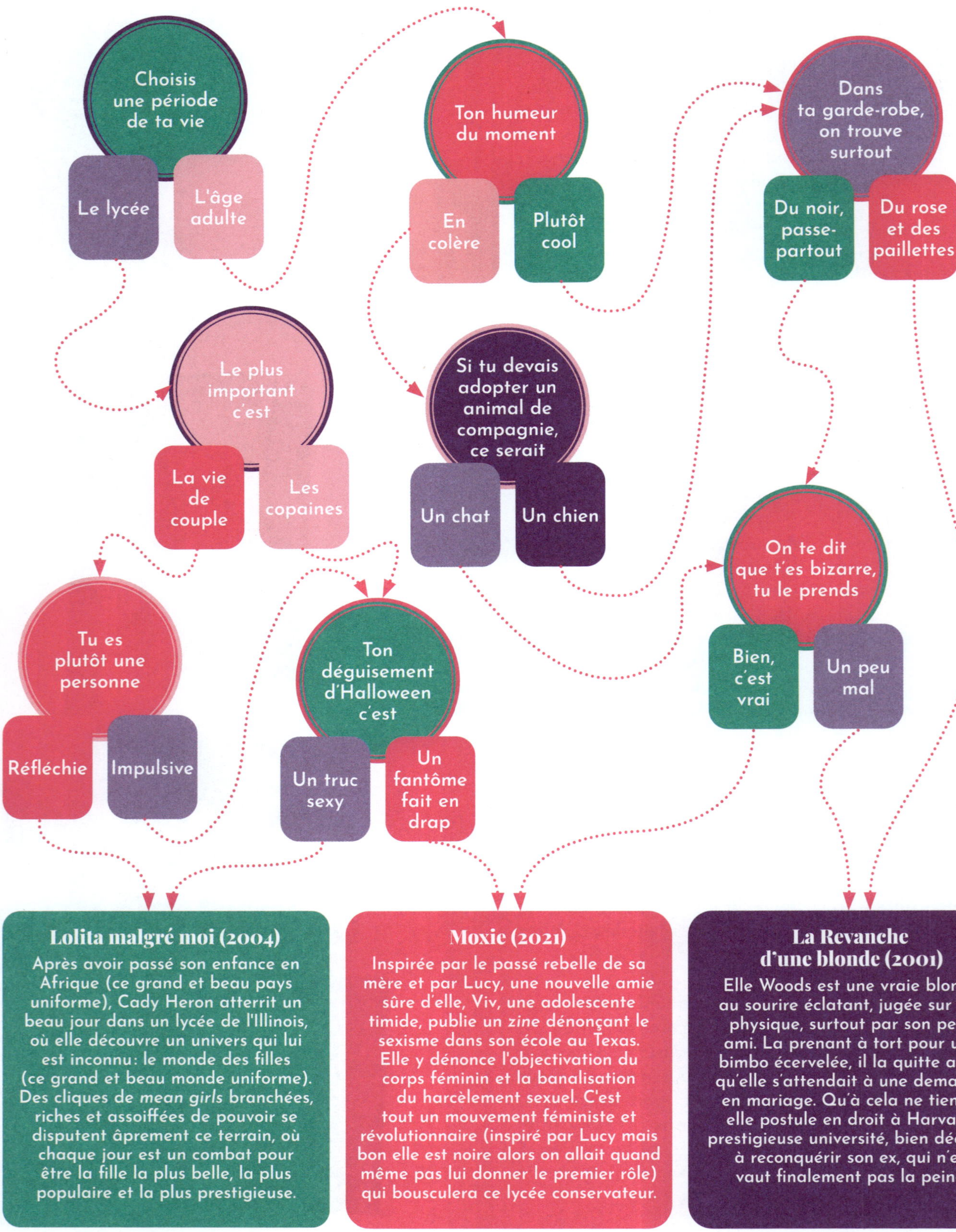


### Lolita malgré moi (2004)

Après avoir passé son enfance en Afrique (ce grand et beau pays uniforme), Cady Heron atterrit un beau jour dans un lycée de l'Illinois, où elle découvre un univers qui lui est inconnu: le monde des filles (ce grand et beau monde uniforme). Des cliques de *mean girls* branchées, riches et assoiffées de pouvoir se disputent âprement ce terrain, où chaque jour est un combat pour être la fille la plus belle, la plus populaire et la plus prestigieuse.

### Moxie (2021)

Inspirée par le passé rebelle de sa mère et par Lucy, une nouvelle amie sûre d'elle, Viv, une adolescente timide, publie un *zine* dénonçant le sexisme dans son école au Texas. Elle y dénonce l'objectivation du corps féminin et la banalisation du harcèlement sexuel. C'est tout un mouvement féministe et révolutionnaire (inspiré par Lucy mais bon elle est noire alors on allait quand même pas lui donner le premier rôle) qui bousculera ce lycée conservateur.

### La Revanche d'une blonde (2001)

Elle Woods est une vraie blonde au sourire éclatant, jugée sur son physique, surtout par son petit ami. La prenant à tort pour une bimbo écervelée, il la quitte alors qu'elle s'attendait à une demande en mariage. Qu'à cela ne tienne, elle postule en droit à Harvard, prestigieuse université, bien décidée à reconquérir son ex, qui n'en vaut finalement pas la peine.

POP CULTURE

FORCE 1

# Tu préfères ou tu préfères?

**Dans tes pires cauchemars tu dois faire des choix, l'un aussi pourri que l'autre, ouais désolées c'est la règle du jeu. Il n'y a évidemment pas de bonnes ou mauvaises réponses... À toi de voir ce que tu préfères et oui, tu dois choisir.**

Tu préfères prendre un café avec Darmanin **ou** lire l'intégrale de Matzneff?

Tu préfères regarder tous les films de Weinstein **ou** passer une soirée avec Beigbeder?

Tu préfères devoir répondre gentiment à tous les mecs qui t'abordent dans la rue **ou** ne plus dire «tous les hommes»?

Tu préfères faire une séance d'hypnose avec Gérard Miller **ou** te faire masser les pieds par Georges Tron?

Tu préfères aller à un meeting de Zemmour **ou** porter un badge Rassemblement National en public pendant 24 heures?

Tu préfères aller à un concert de Michel Sardou **ou** à l'avant-première du dernier Polanski en sa présence?

Tu préfères passer un après-midi en forêt avec des chasseurs **ou** une soirée sur le plateau de TPMP?

Tu préfères un dîner avec Depardieu **ou** avec Luc Besson?

Tu préfères passer une soirée avec un mec qui parle de féminisme extrémiste **ou** une soirée avec un mec qui parle de racisme antiblanc?

Tu préfères passer une journée avec JK Rowling **ou** que Harry Potter n'ait jamais existé?

LANGUE / LITTÉRATURE

FORCE 2

# Qui a dit cette méchanceté?

**Il paraît que les femmes ne sont pas capables de méchanceté, enfin pas comme les hommes. C'est évidemment faux, mais des biais persistent. Sauras-tu retrouver par qui ont été prononcées les phrases ci-dessous?**

**1** «*Avec sa gueule de cheval, il était sûr d'être à l'arrivée*», à propos de Fernandel

BOURVIL OU ARLETTY

**2** À quelqu'un qui lui demandait si ça dérangerait qu'il fume, cette personne répondit: «*Cela ne me gênerait même pas que vous brûliez.*»

SARAH BERNHARDT OU GUY DE MAUPASSANT

**3** À propos de Sarkozy: «*Celui-là, il faut lui marcher dessus: d'abord il ne comprend que ça, et en plus il paraît que ça porte bonheur!*»

ÉDITH CRESSON OU JACQUES CHIRAC

**4** Lors d'un dialogue avec Rousseau: «*Voilà, dit Rousseau, un endroit où j'ai été tenté vingt fois de me jeter pour terminer ma vie. – Pourquoi ne l'avez-vous pas fait?*»

OLYMPE DE GOUGES OU DIDEROT

**5** À propos de Marilyn Monroe: «*C'est un aspirateur avec des mamelles.*»

OTTO PREMINGER OU ELIZABETH TAYLOR

**6** À propos de Baldwin: «*On ne peut même pas imaginer une dignité quelconque à lui décerner pour lui donner un peu de substance. Il aura simplement été un vide dans l'espace.*»

GEORGES ORWELL OU MATA HARI

**7** À propos de quelqu'un que cette personne n'aimait pas: «*Mais il a beaucoup d'esprit, sans aucun doute, puisqu'il en dépense si peu.*»

FRANÇOIS DE LA ROCHEFOUCAULD OU MADAME DE SÉVIGNÉ

**8** «*Tout aurait été parfait, si le potage avait été aussi chaud que le vin, le vin aussi vieux que la poularde, la poularde aussi grasse que la maîtresse de maison.*»

LOUISE DE VILMORIN OU HENRI DE FRONDEVILLE

**Réponses:** 1. Arletty / 2. Bernhardt / 3. Chirac / 4. Diderot / 5. Preminger / 6. Orwell / 7. De Sévigné / 8/ De Vilmorin

# Cartographie des stéréotypes sexistes

**Les stéréotypes sexistes sont partout, ils conditionnent nos pensées et nos comportements, qu'on le veuille ou non. Pour lutter efficacement contre ces derniers, encore faut-il les connaître.**

Replace les phrases que l'on entend très souvent au sein des catégories suivantes:

- VIOLENCE (physique, verbale, psychologique)
- FÉMINISME (ce qu'on pense des féministes)
- JUSTICE (les stéréotypes qui empêchent les femmes d'obtenir justice)
- DISCRIMINATION (pourquoi les femmes n'auraient pas les mêmes droits)
- MÉDIA (les représentations sexistes dans les médias)

- ELLES DÉTESTENT LES HOMMES
- ELLES SONT MAL BAISÉES
- ELLES SONT MOCHES
- ELLES SONT EXTRÉMISTES
- ELLES CASSENT LES COUILLES
- LE SEXISME N'EXISTE PLUS AUJOURD'HUI, LES TEMPS ONT CHANGÉ, VA VOIR EN IRAN
- ELLE L'A BIEN CHERCHÉ
- PAS BESOIN DE CRÉER DES CRIMES SEXOSPÉCIFIQUES PUISQU'ON EST ÉGAUX EN DROIT
- PERSONNE N'A ENVIE DE LA VIOLER
- LES VIOLEURS SONT DES MONSTRES INCONNUS ET ÉTRANGERS
- LES BONS PÈRES DE FAMILLE SONT INCAPABLES DE FAIRE DU MAL
- LES FEMMES AIMENT QU'ON LES COMPLIMENTE
- LES FEMMES DISENT NON MAIS ÇA VEUT DIRE OUI
- LE CONSENTEMENT SEXUEL ÇA GÂCHE TOUT
- UN HOMME DOIT GAGNER PLUS QU'UNE FEMME
- « C'EST QU'UNE BLAGUE, ÇA VA, ON NE PEUT PLUS RIEN DIRE »
- LA PLACE DE LA FEMME EST À LA KOUIZINE
- LES HOMMES SONT VIOLENTS À CAUSE DE LA TESTOSTÉRONE
- LES FEMMES DOIVENT ÊTRE HABILLÉES DE FAÇON FÉMININE À LA TÉLÉ
- LES FEMMES DOIVENT ÊTRE MINCES ET BELLES
- LES FEMMES NE DOIVENT PAS RIRE FORT OU PARLER FORT, ELLES DOIVENT ÊTRE DOUCES
- LES FEMMES QUI NE SE LAISSENT PAS COUPER LA PAROLE SONT VIOLENTES ET MASCULINES
- LES FEMMES SONT À LA RECHERCHE DE L'AMOUR ET DU MARIAGE
- LES FEMMES ENTRE ELLES SONT DES VIPÈRES
- LES FEMMES DOIVENT ÊTRE NUES POUR VENDRE CORRECTEMENT UN PRODUIT
- LES FEMMES SONT DES OBJETS
- LES PRODUITS POUR FEMMES COÛTENT PLUS CHER À FABRIQUER
- LES FEMMES NE DEMANDENT PAS D'AUGMENTATION DE SALAIRE
- LES FEMMES NE VEULENT PAS TRAVAILLER AUTANT QUE LES HOMMES
- LES FEMMES SONT MOINS PRODUCTIVES QUE LES HOMMES

## FÉMINISME

------------------------------------------------------------

------------------------------------------------------------

------------------------------------------------------------

------------------------------------------------------------

------------------------------------------------------------

------------------------------------------------------------

## JUSTICE

------------------------------------------------------------

------------------------------------------------------------

------------------------------------------------------------

------------------------------------------------------------

------------------------------------------------------------

------------------------------------------------------------

------------------------------------------------------------

## VIOLENCE

## MÉDIA

# STÉRÉOTYPES SEXISTES

## DISCRIMINATION

**Réponses: Violence:** les femmes aiment qu'on les complimente, les femmes disent non mais ça veut dire oui, le consentement sexuel ça gâche tout, un homme doit gagner plus qu'une femme, « C'est qu'une blague, ça va, on ne peut plus rien dire », la place de la femme est à la kouizine, les hommes sont violents à cause de la testostérone / **Justice:** elle l'a bien cherché, pas besoin de créer des crimes sexospécifiques puisqu'on est égaux en droit, personne n'a envie de la violer, les violeurs sont des monstres inconnus et étrangers, les bons pères de famille sont incapables de faire du mal / **Média:** les femmes doivent être habillées de façon féminine à la télé, les femmes doivent être minces et belles, les femmes ne doivent pas rire fort ou parler fort, elles doivent être douces, les femmes qui ne se laissent pas couper la parole sont violentes et masculines, les femmes sont à la recherche de l'amour et du mariage, les femmes entre elles sont des vipères, les femmes doivent être nues pour vendre correctement un produit, les femmes sont des objets / **Féminisme:** elles détestent les hommes, elles sont mal baisées, elles sont moches, elles sont extrémistes, elles cassent les couilles, le sexisme n'existe plus aujourd'hui, les temps ont changé, va voir en Iran / **Discrimination:** les produits pour femmes coûtent plus cher à fabriquer, les femmes ne demandent pas d'augmentation de salaire, les femmes ne veulent pas travailler autant que les hommes, les femmes sont moins productives que les hommes.

# Les petites phrases de Macron

**En 2018, Emmanuel Macron affirme «*qu'on met un pognon de dingue dans les minima sociaux*». Suite à cela, un sondage révèle que les deux tiers de la population française sont lassés des «petites phrases» du président. Un quinquennat plus tard, 100 % des autrices de ce cahier n'en peuvent plus de l'entendre. Et toi? Pour chacune des citations suivantes, devine si c'est Macron qui l'a dit, ou non!**

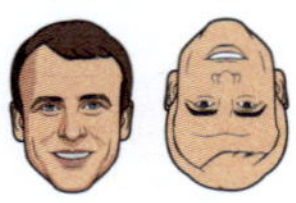


**1**

«Je comprends votre colère. Je comprends votre haine. Mais de grâce, méfiez-vous du cynisme.»

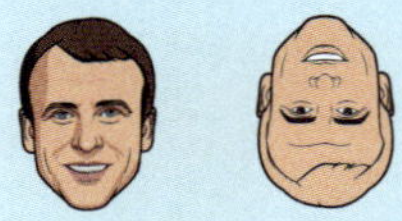

**2**

«Quand on parle mal le français, on est malheureux en France.»

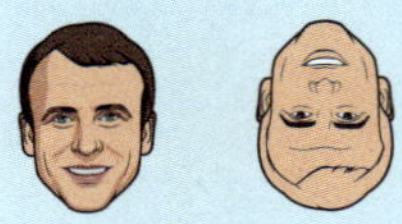

**3**

«Parce que si on réfléchit bien, moi je suis un vrai démocrate.»

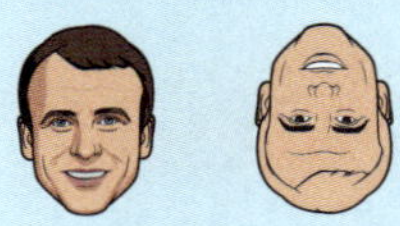

**4**

«Le jour où tu veux faire la révolution, tu apprends d'abord à avoir un diplôme et à te nourrir toi-même, d'accord?»

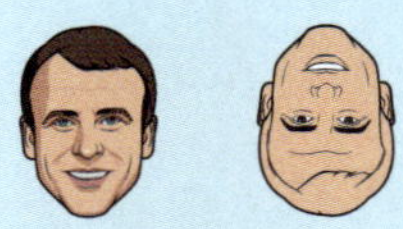

**5**

«Il y a beaucoup de gens qui sont dans l'addition des colères et l'addition des blocages, ça ne fait pas un projet pour le pays.»

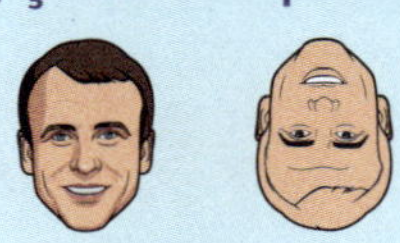

**6**

«[il y a des gens,] ils ne sont pas à l'attention de savoir qu'ils existent. Les pauvres, ils ne savent pas. Il faut réveiller les gens. C'est-à-dire qu'y a des gens qui font leur travail, qui font leurs études, ils ont un diplôme, ils sont au contact de tout ça.»

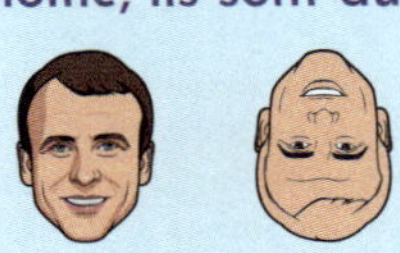

**Réponses:** 1. Pas Macron, c'est dans OSS 117 / 2. Macron / 3. Pas Macron, c'est dans *La classe américaine* / 4. Macron / 5. Macron / 6. Pas Macron, c'est Jean-Claude Van Damme

CORPS / SEXO

FORCE 1

# Vrai ou faux de la grossophobie

**Il paraît que les personnes grosses sont toutes fainéantes, en mauvaise santé et ont une hygiène de vie déplorable. C'est évidemment complètement faux. Sauras-tu dire si ces préjugés grossophobes sont vrais ou faux?**

**1** Une personne suffisamment grosse pour être discriminée a 1 chance sur 1 000 de devenir assez mince pour ne plus être discriminée.

○ VRAI ○ FAUX

**2** Pour maîtriser son poids, il suffit de faire attention à ce qu'on mange et faire du sport

○ VRAI ○ FAUX

**3** Les régimes fonctionnent à long terme.

○ VRAI ○ FAUX

**4** Selon un sondage du Défenseur des droits, la moitié des Français·es considère acceptable de refuser d'embaucher quelqu'un à cause de son physique.

○ VRAI ○ FAUX

**5** Une femme grosse a autant de chances d'être embauchée qu'une femme qui ne l'est pas.

○ VRAI ○ FAUX

**6** L'espérance de vie d'une personne dont l'IMC est dans la catégorie « normal » est supérieure à celle dont l'IMC est dans la catégorie « obèse ».

○ VRAI ○ FAUX

**7** Les personnes à l'IMC « obèse » ont une meilleure chance de survie que celles à l'IMC « normal » en cas d'athérosclérose, d'hypertension, d'insuffisance cardiaque ou d'un pontage cardiaque

○ VRAI ○ FAUX

**8** Les régimes et le contrôle de l'alimentation ont un impact positif sur la santé.

○ VRAI ○ FAUX

## Le paradoxe de l'obésité

Si on a l'habitude d'associer poids élevé et mauvaise santé, la recherche prouve le contraire. Ce sont les habitudes de vie qui ont un impact sur notre santé. Ne pas fumer, être actif·ve autant qu'on le peut, consommer peu d'alcool, avoir une alimentation équilibrée et sans restriction sont bien meilleurs pour la santé que perdre du poids. Et ça ne s'arrête pas là! La recherche met également en avant le paradoxe de l'obésité selon lequel avoir un IMC dans la catégorie « obésité » réduit les risques de mortalité dans plein de cas. Les personnes obèses sont ainsi moins atteintes de cancer du poumon, de l'estomac, de l'œsophage et du côlon. Elles ont moins de mélanomes, d'ostéoporose, de diabète de type 1, et font moins d'anémies et de bronchites chroniques.

**Réponses :** 1. Vrai / 2. Faux, le poids est déterminé jusqu'à 70 % par nos gènes / 3. Faux, 80 % des personnes reprennent le poids perdu dans l'année suivante, et 95 % dans les 5 ans / 4. Vrai / 5. Faux, elle a 8 fois moins de chances de l'être / 6. Faux, c'est l'inverse / 7. Vrai / 8. Faux, l'effet « yo-yo » des régimes, sauter des repas ou encore les médicaments pour perdre du poids ont toujours un effet négatif sur la santé

JURIDIQUE FORCE 3

# Mots mêlés des juristes

**Les juristes ont horreur de parler comme tout le monde, alors forcément, ils ont leur petit vocabulaire rien qu'à eux. Même s'il s'agit de mots du vocabulaire courant, eux ne l'entendent pas vraiment de la même oreille!**

**Retrouve les mots des juristes.**

| | | | | | | | | | | | | | | | | | | | | | | | | |
|---|---|---|---|---|---|---|---|---|---|---|---|---|---|---|---|---|---|---|---|---|---|---|---|---|
| L | W | W | T | I | M | V | F | Z | K | T | M | O | H | R | Z | F | N | O | S | Ç | Q | X | R | D |
| R | S | O | O | A | Y | K | W | F | A | S | X | I | O | K | C | O | V | Ç | E | Ç | N | E | Y | B |
| A | C | Q | L | G | K | C | O | U | C | X | R | K | M | M | O | R | G | I | P | Y | Z | G | Y | F |
| I | P | I | Y | O | C | I | C | Z | I | N | L | O | I | N | N | Z | D | B | G | Q | D | R | E | V |
| S | G | P | W | Q | U | H | Q | U | Q | X | F | X | C | Z | S | H | W | O | P | M | Y | L | S | Q |
| O | C | L | F | R | F | T | C | M | B | B | V | B | I | S | E | Z | L | G | L | Q | S | E | U | R |
| N | P | O | Ç | G | A | B | Z | O | E | P | S | P | D | Z | N | E | B | X | K | A | Ç | P | F | U |
| N | S | N | P | R | E | U | V | E | S | R | Q | U | E | U | T | X | L | C | W | F | S | V | E | C |
| A | Y | E | I | P | Ç | V | L | P | R | J | K | B | O | C | E | L | Ç | Ç | R | A | R | X | F | U |
| B | C | O | N | T | R | A | V | E | N | T | I | O | N | Ç | M | K | Z | O | X | Q | S | Y | D | B |
| L | U | J | Q | G | S | L | X | T | G | F | C | N | V | V | E | K | Q | B | S | B | P | T | Q | F |
| E | W | L | M | L | I | U | K | H | C | Ç | I | O | A | S | N | J | P | L | Ç | H | V | M | S | A |
| V | T | E | Ç | Ç | T | V | J | G | S | R | Ç | R | M | V | T | F | H | I | W | A | T | L | M | Z |
| E | O | P | R | E | S | C | R | I | P | T | I | O | N | P | Z | H | J | U | U | R | A | K | P | N |
| Y | B | Z | O | T | Z | E | M | T | E | W | Ç | M | U | B | L | E | G | Q | Ç | C | U | L | O | B |
| Z | K | I | G | H | W | R | P | V | A | L | F | Q | E | G | H | I | P | X | O | E | T | E | Y | N |
| A | P | N | C | P | G | X | I | Z | T | C | V | G | J | L | O | A | C | D | E | L | I | T | C | Ç |
| N | Q | C | Q | B | T | T | F | E | M | I | N | I | C | I | D | E | A | I | I | E | X | D | Y | P |
| K | X | E | Ç | L | A | Z | D | Y | C | R | E | L | A | E | P | N | B | U | T | M | B | K | A | G |
| W | S | S | X | T | Z | V | S | S | J | V | D | B | R | M | S | U | T | E | R | E | H | X | C | H |
| Y | V | T | N | Y | B | H | F | G | W | L | Ç | S | D | D | A | J | Y | J | C | N | L | A | D | O |
| C | D | E | V | P | B | W | M | P | I | U | K | G | J | T | P | D | Y | I | M | T | C | C | H | J |
| T | T | R | G | R | H | N | Z | Y | Ç | D | T | E | F | W | E | Ç | Y | C | P | B | Z | S | X | T |
| X | Z | X | W | N | R | V | N | H | R | D | K | V | C | H | U | Q | N | X | Z | Q | O | R | B | S |
| P | Y | F | E | E | D | E | J | P | I | X | Z | Ç | V | I | U | P | S | D | D | F | F | V | H | L |

COMPLICITE
CONTRAVENTION
HARCELEMENT
INCESTE
PREUVES
TENTATIVE
FEMINICIDE
CONSENTEMENT
CRIME
HOMICIDE
PRESCRIPTION
RAISONNABLE
DELIT

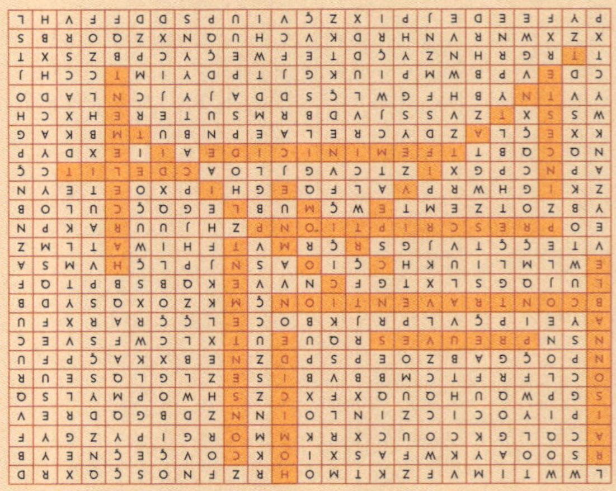

ACTU / SOCIÉTÉ
FORCE 3

# À (grande) peine croyable...

**Dans le monde, il se passe des choses improbables. Parfois ça nous fait sourire, parfois ça nous fait rire jaune, parfois ça nous énerve... Réponds à ce quiz pour voir quel effet ces actus te font!**

**1 Joseph C. Roberts, un représentant officiel du Parti républicain en Californie, a été arrêté pour avoir tué et découpé son ancienne petite amie en morceaux. Joseph s'était fait connaître avant cette histoire, pour quelle raison?**

**A.** Il est champion de lancer de hache
**B.** Il affirmait être victime de fausses accusations, à cause de #MeToo
**C.** Il a sauvé Gavin Newsom, le gouverneur de Californie, de la noyade

**2 Le concours de Miss Italie stipule que seules les femmes « depuis la naissance » peuvent participer. Pour lutter contre cette règle transphobe...**

**A.** Plus de 100 hommes transgenres se sont inscrits à la compétition
**B.** La communauté LGBTQIA+ a boycotté le concours
**C.** Des militant·es ont perturbé la cérémonie

**3 Dans les années 40, on utilise un test de grossesse appelé test de Hogben. Il consiste à injecter l'urine de la personne enceinte à un animal. Si l'animal ovule, on confirme la grossesse. De quel animal s'agit-il?**

**A.** Une musaraigne musette
**B.** Une poule hollandaise huppée
**C.** Une grenouille xénope

**4 La chanteuse et compositrice Billie Eilish parle de son attirance pour les femmes dans une interview pour le magazine *Variety*, ce qui révèle la biphobie d'une certaine partie de son public. Sur Instagram, elle perd...**

**A.** 20 000 abonné·es
**B.** 120 000 abonné·es
**C.** 350 000 abonné·es

**5 Quelle fédération inattendue interdit la compétition aux femmes transgenres en août 2023?**

**A.** La fédération internationale des échecs
**B.** La fédération internationale de pétanque et de jeu provençal
**C.** La fédération internationale de golf

**Réponses :** 1. B / 2. A / 3. C / 4. B / 5. A

HISTOIRE
FORCE 2

# Deux vérités, un mensonge

**Dans ces séries d'affirmations, deux sont vraies et une est fausse. Pour chaque série, devine quel est le mensonge en entourant la bonne lettre!**

**1**

A. La militante féministe Susan B. Anthony a joué un rôle essentiel dans la lutte pour le droit de vote des femmes aux États-Unis.
B. En 1903, Emmeline Pankhurst a fondé l'Union sociale et politique des femmes en Angleterre pour lutter en faveur du droit de vote des femmes.
C. Le concept de « journée de l'homme » est célébré le 8 mars dans de nombreux pays pour mettre en avant les droits et les réalisations masculines.

**2**

A. Le concept de « plafond de verre » fait référence à un avantage particulier que les femmes ont dans la société par rapport aux hommes.
B. En 1944, en France, une loi garantissant le droit de vote aux femmes a été adoptée.
C. Le texte *Déclaration des droits de la femme et de la citoyenne* écrit par Olympe de Gouges en 1791 est considéré comme un texte essentiel dans le mouvement féministe.

**3**

A. Le féminisme est le pendant féminin de la misogynie.
B. La journée internationale de lutte pour les droits des femmes, célébrée le 8 mars, a été officiellement reconnue par les Nations unies en 1977.
C. La première femme de l'histoire contemporaine à devenir chef de gouvernement d'un État était Sirimavo Bandaranaike, élue Première ministre du Sri Lanka en 1960.

**4**

A. Le mouvement #MeToo, lancé en 2006 par Tarana Burke, a pris de l'ampleur en 2017 en dénonçant le harcèlement sexuel et les agressions sexuelles.
B. En 1975, l'Islande est devenue le premier État à élire démocratiquement une femme présidente au monde.
C. Les hommes sont à 86 % féministes.

**Réponses :** 1. C / 2. A / 3. A / 4. C

# L'émancipation des femmes par la bicyclette

**Au XIXe siècle, les femmes aisées se découvrent une passion pour la bicyclette, mais pas n'importe laquelle. Pas la vieille *draisienne*, trop démodée. Elles ont patiemment attendu que les pédales et les pneumatiques soient inventés dans les années 1860. Le vélo devient la dernière tendance, synonyme d'élégance. La «vélocipédomanie» (vélocipède étant alors le nom du vélo) s'empare de la bourgeoisie de la capitale.**

Mais se balader à vélo pour une femme était considéré comme indécent à l'époque. Une revue scientifique de 1894 mentionne même que porter des pantalons, bien que donnant un «*petit air cavalier*», enlève de la grâce à une femme. Les scientifiques de l'époque s'inquiètent également des effets du vélo sur la santé des femmes, allant jusqu'à déclarer que c'est une «*machine à stérilité*». Certains pensent même que les femmes pourraient prendre du plaisir en pédalant, et ça, c'est inacceptable! Les maris ne leur donnent pas de plaisir, on ne va quand même pas se laisser faire par un vélo.

Malgré les critiques et autres menaces, comme la «face de vélo» qui serait la résultante du vent sur le visage des femmes cyclistes, les femmes s'offrent des vélos. Entre 1880 et 1890, la bicyclette moderne devient plus accessible. Les femmes, échappant à la surveillance des hommes, découvrent une nouvelle liberté de circulation.

À la tribune du congrès féministe de 1896, Maria Pognon, journaliste féministe, lève son verre à la «*bicyclette égalitaire et niveleuse par laquelle se fera l'émancipation de la femme*». **Les publicitaires les soutiennent, et des affiches fleurissent, montrant des femmes triomphantes sur leur vélo.**

Le vélo a été, en Europe, un véritable allié féministe (lui), mais il continue de l'être dans bien des pays. En Égypte où les femmes à vélo sont mal vues, ou au Yémen où la plupart des femmes ne savent même pas comment monter un vélo, des clubs féminins

apparaissent, et des activistes comme Shannon Galpin encouragent les femmes à faire leur « vélorution ». Même au Qatar, est organisé un Tour du Qatar féminin pour montrer leur politique d'émancipation (bien que dans la réalité, les femmes restent souvent soumises à leurs maris).

En France, les groupes de femmes investissant les rues à vélo sont de plus en plus nombreux.

Le vélo était et restera un symbole de liberté pour les femmes, n'en déplaise aux hommes. On est des reines et à chaque coup de pédale, on contribue à faire tomber les barrières des inégalités.

# La pédo criminalité en chansons

**Chanter la pédocriminalité, c'est une tradition française qui traverse les époques. Pour chaque chanson, décode son année de sortie. Indice: dans cet exercice, A correspond à 1, Z correspond à 26, et pour le zéro, on mettra une étoile!**

**1** A I F B

Réponse:

À 38 ans, Charles Aznavour chante *Trousse-chemise*. En 1994, il en parle dans une interview: « *Je la traite comme un poème [...] c'est l'une de mes chansons préférées.* » Voici un extrait:

*Et j'ai renversé à Trousse-chemise*
*Malgré tes prières à corps défendant*
*Et j'ai renversé le vin de nos verres*
*Ta robe légère et tes dix-sept ans*

**2** T * *

Réponse:

Nouveau millénaire, même refrain. Garou chante *Seul* mais aussi *Criminel*, dans laquelle il inverse la culpabilité dans le plus grand des calmes:

*On croirait qu'elle n'a jamais eu d'amant*
*Mais méfiez-vous de la femme-enfant*
*Méfiez-vous de ses quatorze ans*
*À cause d'elle*
*On m'appelle criminel*

**3** S G E

Réponse:

Maxime Le Forestier connaît le succès dans les années 70 avec San Francisco. À 26 ans, il chante *La poupée*, un délice (non):

*Elle avait quinze ans, l'âge où les enfants*
*ne s'amusaient plus avec elle.*
*Je suis adulte, je suis inculte,*
*je ne sais rien de la marelle.*
*Il était grand jour quand j'ai fait l'amour*
*Avec l'enfant devenue femme.*

**4** A I G *

Réponse:

Léo Ferré, le pianiste anar' préféré des Français, s'est plusieurs fois illustré par son sexisme. Et comme ça vient rarement seul, il nous offre pour ses 54 ans *Petite*, une chanson bien cringe:

*Tu peux reprendre ton cerceau*
*Et t'en aller tout doucement*
*Loin de moi et de mes tourments*
*Tu reviendras me voir bientôt*
*Le jour où ça ne m'ira plus*
*Quand sous ta robe il n'y aura plus*
*Le Code pénal*

**Réponses:** 1. 1962 / 2. 2000 / 3. 1975 / 4. 1970

POP CULTURE
FORCE 2

# Diversité & inclusion dans la pub

**En octobre 2023, le second baromètre *Inclusion et Diversité dans les campagnes publicitaires françaises* est publié. Alors, ça dit quoi? Découvre-le dans ce quiz!**

**1** Combien de Français·es interrogé·es pensent qu'il est important que les marques soient inclusives dans les publicités?

A. 30 %
B. 50 %
C. 70 %

**2** Un tiers des personnes interrogées pensent que les marques en font trop niveau diversité. Parmi elles, 65 % indiquent voir très souvent ou fréquemment des publicités avec des personnes…

A. de couleurs de peau ou d'origines différentes
B. âgées
C. d'identités de genre ou d'orientations sexuelles diverses

**3** À l'inverse, un quart des personnes interrogées trouvent que les marques devraient en faire plus. Parmi elles, 76 % indiquent *voir pas assez ou vraiment pas assez* de publicités avec des personnes…

A. d'identités de genre ou d'orientations sexuelles diverses
B. en situation de handicap
C. qui ont des corps de tous types et de toutes formes

**4** Combien de Français·es interrogé·es ne s'identifient pas aux personnes montrées dans les pubs?

A. 1 sur 5
B. 2 sur 5
C. 3 sur 5

**5** Quelle catégorie d'âge se sent le moins représentée dans la publicité?

A. Les 18 - 24 ans
B. Les 35 - 49 ans
C. Les 50 - 64 ans

**Réponses :** 1. C / 2. A / 3. B / 4. B / 5. C, ex aequo avec les 65 ans et plus

LANGUE / LITTÉRATURE

FORCE 1

# Mots mêlés de l'extrême droite

**Ces dernières années, les concepts d'extrême droite prennent toute la place dans l'espace public. Un petit suffixe en -isme et c'est parti pour une nouvelle menace imaginaire.**

Découvre le vocabulaire de l'extrême droite dans ces mots mêlés.
Les mots peuvent être verticaux, horizontaux ou diagonaux, à l'endroit ou à l'envers!
Chaque lettre n'est utilisée qu'une fois.

| | | | | | | | | | | | | | | |
|---|---|---|---|---|---|---|---|---|---|---|---|---|---|---|
| E | W | J | E | J | W | B | J | B | F | R | F | E | T | D |
| V | M | T | U | S | M | K | O | W | R | W | B | M | N | E |
| I | M | S | Y | J | T | F | U | X | A | E | I | S | E | C |
| R | F | T | I | S | P | N | R | L | N | K | W | I | M | I |
| Y | Z | X | A | K | O | T | N | G | C | X | T | V | E | V |
| A | M | M | O | X | O | Q | A | A | O | J | R | I | G | I |
| K | B | K | T | P | W | W | L | G | C | K | B | T | A | L |
| D | S | H | T | N | R | H | O | I | I | H | O | C | V | I |
| A | F | T | L | P | R | V | P | M | D | D | W | A | U | S |
| X | C | W | U | B | A | D | E | T | E | O | Z | S | A | A |
| T | N | E | M | E | C | A | L | P | M | E | R | N | S | T |
| E | H | C | U | A | G | A | R | T | L | U | T | A | N | I |
| Z | R | E | M | I | G | R | A | T | I | O | N | R | E | O |
| E | C | N | A | S | N | E | P | N | E | I | B | T | L | N |
| I | S | L | A | M | O | G | A | U | C | H | I | S | M | E |

BIEN-PENSANCE
DÉCIVILISATION
ENSAUVAGEMENT
FRANCOCIDE
ISLAMOGAUCHISME
JOURNALOPE
REMIGRATION
(GRAND) REMPLACEMENT
TRANSACTIVISME
ULTRAGAUCHE
WOKISME

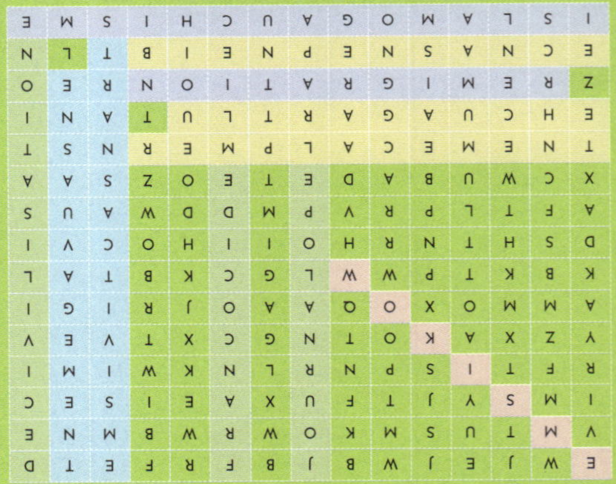

# Les pires maris de la télé

**On ne le répétera jamais assez: la représentation, c'est important! Lorsqu'il s'agit de représentation de couples cishétéro, on n'est malheureusement pas bien loti... Souvent toxiques, les petits amis ou maris dans les séries sont loin de donner envie de leur dire oui pour la vie.**

Relie chaque action à son personnage pour un petit tour d'horizon des pires maris de la télé! Attention, certaines actions peuvent être reliées à plusieurs personnages.

1. Empêche sa compagne de gérer sa carrière comme elle l'entend
2. Viole sa femme
3. Harcèle sexuellement ses collègues, dont sa future femme
4. Se trompe de prénom le jour de son mariage
5. Est jaloux
6. Ment
7. Tabasse un collègue par jalousie
8. N'assume pas ses torts
9. Blâme sa femme / compagne pour ses comportements toxiques
10. Trompe sa compagne / femme
11. Fait des blagues lesbophobes sur son ex-femme et sa compagne
12. Utilise le chantage pour obtenir du sexe
13. Abandonne sa femme du jour au lendemain
14. Est violent physiquement avec sa femme
15. Laisse toute la charge mentale à sa femme
16. Utilise sa femme pour blanchir de l'argent
17. Menace sa femme quand elle critique ses choix professionnels douteux
18. Est psychologiquement abusif
19. Cache sa seconde famille à sa femme
20. Kidnappe sa fille
21. Ne prévient pas ses anciennes partenaires qu'il a une IST
22. Ne sait pas exprimer ses émotions sans violence

Ross Geller (Friends)

Tom Scavo (Desperate Housewives)

Walter White (Breaking Bad)

Alex Karev (Grey's Anatomy)

**Réponses:** Ross Geller: 1, 4, 5, 6, 8, 9, 10, 11 /
Tom Scavo: 1, 5, 6, 8, 9, 10, 12, 14, 15, 17, 19 /
Walter White: 2, 6, 8, 9, 14, 15, 16, 17, 18, 20 /
Alex Karev: 3, 5, 6, 7, 8, 9, 10, 13, 21, 22

Sayyida al Hurra

# DU MAROC
# CES FEMMES QUI

Barberousse

## SAYYIDA AL-HURRA : LA REINE PIRATE DU MAROC

*À la fin du xv<sup>e</sup> siècle, Lalla Aicha bint Ali ibn Rashid al-Alami naît dans le royaume de Grenade, royaume musulman de la péninsule ibérique. Quelques années après sa naissance, les monarques catholiques d'Espagne prennent le royaume de Grenade, mettant fin à des siècles de règne musulman. Sa famille est expulsée et s'installe à Chefchaouen, une ville des montagnes du Rif au Maroc. C'est là qu'elle fera d'empêcher l'expansion de la colonisation européenne sa mission. Elle devient Sayyida al-Hurra, légendaire reine pirate du Maroc.*

### UNE FINE STRATÈGE

Après l'exil français, son père fonde Chefchaouen, qu'il gouverne. Elle grandit en parlant couramment l'arabe, le portugais et l'espagnol et en apprenant la politique et la diplomatie. À 16 ans, elle épouse Mohamed Al-Mandari, ami de son père et gouverneur de la région de Tanger, renforçant ainsi une alliance cruciale entre les deux familles pour faire face à l'occupation chrétienne.

À la mort de son mari en 1529, elle monte sur le trône de Tétouan et devient gouverneure de la région, pendant trois décennies, sans homme. C'est cet événement qui lui vaut le nom al-Hurra (*la libre* en arabe). Animée par un esprit de justice, elle se bat pour expulser les colonisateurs chrétiens espagnols et portugais de Sebta et Melilla.

### LA LÉGENDE DES MERS

Pour vaincre l'envahisseur, elle noue une alliance audacieuse avec le corsaire ottoman Kheireddine, plus connu sous le nom de Barberousse. Ensemble, le duo fait trembler les mers, accumulant richesses et pouvoir grâce à leurs expéditions en Méditerranée.

Mais c'est au nom de la liberté qu'elle navigue. Ses exploits maritimes, couplés à sa réputation de stratège redoutable, firent d'elle une force respectée même par les ennemis chrétiens. Les eaux où elle naviguait étaient évitées par ceux qui craignaient son courroux. Ennemie jurée des Espagnols, Sayyida Al-Hurra attaque régulièrement leur marine marchande, frappant là où ça fait mal.

### À JAMAIS LIBRE

En 1541, elle épouse Ahmed Al-Wattassi, roi du Maroc, imposant ses conditions dans cette union diplomatique inhabituelle. Contrairement à la coutume, c'est lui qui se déplace à Tétouan pour célébrer leur union. Elle décide de ne pas s'installer à la capitale, insistant ainsi sur le fait qu'elle ne renoncerait pas à ses fonctions de reine pirate, malgré son nouveau statut de sultane. Cela représente une réelle manifestation d'indépendance de la part d'une femme de l'époque. Le roi du Maroc, alors son époux, lui confie ensuite la charge des relations avec les Portugais, renforçant un peu plus son statut politique.

L'année suivant son mariage, son beau-fils la détrône et la dépouille de son pouvoir et de ses biens. La fin de sa vie reste un mystère. L'histoire veut qu'elle finisse ses jours en femme libre à Chefchaouen avant de s'éteindre en 1562.

La reine pirate aurait été inhumée dans la zaouïa Raissounia, où son tombeau reste encore aujourd'hui un lieu de pèlerinage important pour les femmes marocaines.

Entre alliances politiques, exploits corsaires et émancipation, la vie de Sayyida al-Hurra navigue à travers les époques.

# À TIBÉRIADE :

# ONT MARQUÉ L'HISTOIRE

## PIEUSE OU PUTAIN ? L'ÉNIGME MARIE MADELEINE

La Madeleine dans le désert d'après Le Corrège

**Dans une trame biblique aux multiples rebondissements, Marie Madeleine, souvent reléguée dans l'ombre, émerge comme protagoniste d'une saga empreinte de jalousie au sein des disciples de Jésus.**

### DE L'EXORCISME À LA DÉVOTION

À 4 km au nord de Tibériade se situe Magdala, ville de Marie Madeleine, à laquelle elle emprunte son nom (Marie Magdala). D'après l'Évangile de Saint-Luc, Marie rencontre Jésus qui l'exorcise alors des septs démons qui l'infestent. Prise de reconnaissance et de fascination pour son sauveur, elle rejoint alors un groupe de femmes dévouées qui suivent assidûment le Messie dans ses déplacements.
Par son enthousiasme et sa dévotion, elle rejoint ensuite le cercle restreint de Jésus, dont elle devient fidèle confidente. L'essayiste théologienne Anne Soupa affirme : « *Les relations de Jésus avec les femmes ont toujours été constructives. Il ne se querelle jamais avec elles.* » Est-ce que cela explique la place qu'il donne à Marie Madeleine ?

### UNE AUTORITÉ CONTESTÉE

Ce qui est sûr, c'est qu'elle est témoin de sa crucifixion et sera la première à rencontrer Jésus ressuscité. Les apocryphes des IIe et IIIe siècles, comme l'Évangile de Marie, la décrivent comme une messagère privilégiée de Jésus, apôtre des apôtres, qui transmet ses révélations aux autres disciples. À la demande de Jésus, elle transmet le message aux autres disciples : « *Je monte vers mon Père et votre Père, vers mon Dieu et votre Dieu.* »

Cette proximité entre Marie et Jésus ne plaît pas. Elle suscite la jalousie des autres apôtres, en particulier de Pierre, qui remet en question son autorité. La jalousie prend des allures de scandale avec des rumeurs infondées d'une intimité plus profonde entre Marie Madeleine et Jésus, alimentant des théories non canoniques sur une possible descendance. Ces spéculations, pourtant dépourvues de bases scripturaires solides, contribuent à forger des mythes visant à minimiser le rôle de Marie Madeleine dans la vie de Jésus.
Les tensions atteignent un point culminant dans l'Évangile de Philippe, où un passage suggère un baiser entre Jésus et Marie, provoquant une explosion de jalousie parmi les disciples. Accusations et reproches fusent, les disciples masculins reprochant à Jésus de préférer Marie Madeleine à eux.

### L'HISTOIRE RÉÉCRITE

Les apôtres ne sont pas les seuls à douter de l'autorité de Marie Madeleine. Cependant, au fil des siècles, historiens, romanciers et artistes ont occulté son important rôle ou nourri de nombreux mythes et légendes autour de sa figure.
Elle aurait été la compagne de Jésus, ou celle qui emporte le Saint Graal après la crucifixion. Mais la théorie qui résiste à l'épreuve du temps est celle de la prostituée repentie. L'Évangile de Luc mentionne une femme pécheresse qui oint les pieds de Jésus et les essuie avec ses cheveux. L'histoire désigne Marie Madeleine comme l'apôtre des apôtres, messagère de Jésus ressuscité. Les hommes, eux, en ont fait une figure de la prostituée repentie qui finira sainte, une interprétation leur permettant d'explorer la sensualité et la nudité dans ses représentations.

Cette saga biblique, entre dévotion, jalousie et mystères, met en lumière l'invisibilisation persistante des femmes dans l'histoire et continue de susciter le débat, des siècles plus tard.

CORPS / SEXO

FORCE 3

# Les malades imaginaires

**On ne le répétera jamais assez: la médecine et la recherche médicale ont été construites par et pour des hommes blancs. Ce qui explique pourquoi des médecins et la société pensent que nos symptômes, c'est dans notre tête. Plonge dans le merveilleux monde biaisé de la médecine avec ce petit quiz!**

**1 En quelle année l'hystérie a-t-elle été retirée de la classification des troubles mentaux de l'Association américaine de psychiatrie?**

A. 1880
B. 1930
C. 1980

**2 Un diagnostic de cancer peut avoir un impact négatif sur le couple. Dans les couples hétéros, quel est le risque pour les femmes que leur conjoint les quittent après l'annonce d'un diagnostic?**

A. 2 fois inférieur à celui des hommes
B. Égal à celui des hommes
C. 6 fois supérieur à celui des hommes

**3 En cas de crise cardiaque dans un lieu public, les femmes sont…**

A. Plus susceptibles de recevoir un massage cardiaque d'un témoin que les hommes
B. Moins susceptibles de recevoir un massage cardiaque d'un témoin que les hommes
C. Aussi susceptibles de recevoir un massage cardiaque d'un témoin que les hommes

**4 Quand l'endométriose a-t-elle été reconnue comme une affectation longue durée en France?**

A. 2002
B. 2012
C. 2022

**5 Le lipœdème, une maladie des tissus conjonctifs de la peau, a été reconnu comme maladie chronique en 2019 par l'OMS. Cette maladie, pas reconnue en France, toucherait…**

A. 5 % des femmes à travers le monde
B. 11 % des femmes à travers le monde
C. 23 % des femmes à travers le monde

**6 Des études faites sur plus d'un million de patient·es montrent que les chirurgiennes ont de meilleurs taux de survie et moins de complications post-opératoires que leurs homologues masculins parce que…**

A. Elles opèrent moins vite et plus prudemment
B. Elles sont plus susceptibles de passer à une technique « ouverte » pendant les opérations
C. Elles prennent plus de risques

**7 Aux États-Unis, le taux de mortalité maternelle (lié à la grossesse et jusqu'à 42 jours après l'accouchement) est…**

A. Deux fois plus élevé pour les femmes noires que pour les femmes blanches
B. Égal pour les femmes noires et les femmes blanches
C. Deux fois moins élevé pour les femmes noires que pour les femmes blanches

**Réponses:** 1. C / 2. C, le taux de séparation est de 3 % quand l'homme est atteint d'un cancer, et grimpe à 21 % quand c'est la femme qui est malade. / 3. B, dans ce cas, les chances de survie des hommes sont 23 fois supérieures / 4. C / 5. B / 6. A / 7. A

MUSIQUE
FORCE 2

# La rivalité féminine en chansons

**Que celle qui ne s'est jamais sentie menacée ou n'a jamais dévalorisé une autre femme nous jette la première pierre. Attention, on ne dit pas que toutes les femmes sont irréprochables et méritent d'être soutenues… On dit simplement que la rivalité féminine, omniprésente dans notre société patriarcale, ne sert jamais réellement aux dominées! C'est important d'identifier le sexisme en nous pour le combattre et avancer vers une société réellement féministe.**

On a sélectionné des chansons illustrant le concept de rivalité féminine. Retrouve le titre et l'interprète de ces chansons (mal) traduites par un traducteur automatique. Les traductions sont du français vers l'anglais, ou l'inverse.

**1**

Dans une seconde, tu seras enroulé autour de mon doigt
Parce que je peux, parce que je peux le faire mieux
Il n'y en a pas d'autre, alors quand est-ce que ça va pénétrer?
Elle est tellement stupide, à quoi pensais-tu?

Hé, hé, toi, toi, je n'aime pas ta copine
Pas question, pas question,
je pense que tu en as besoin d'un nouveau

-----------------------------------------------------------

**2**

Je suis si heureuse de ne jamais pouvoir m'intégrer
Ce ne sera jamais moi
Parias et filles ambitieuses
C'est ce que je veux voir (allez)

[…]
Bébé, si j'agis comme ça
Retourner mes cheveux blonds en arrière
Remonte mon soutien-gorge comme ça
Je ne veux pas être une fille stupide

-----------------------------------------------------------

**3**

You the nymphet, you the star, you the legs
What are you playing with my boyfriend?
I'm going to skin you
If you hang around too much, around the father of my little poulbots

You the boss, don't touch my man or I'll kill you
You're going to taste my torgnoles
I'm stronger than a little bird
I dried up the water of my cursed sobs

-----------------------------------------------------------

**4**

I trusted you, I could die for you
And you dare to fuck this female dog

But shut up, and if you want to talk, please get dressed
Honestly, you have no honor, you are not ashamed of yourself
Take your thong and get out
Girls like you deserve no more than a little piece of sidewalk

-----------------------------------------------------------

Dans *Tout le monde peut être féministe*, la penseuse afroféministe bell hooks met en avant la nécessité pour les femmes de remettre en question leur sexisme et leurs comportements: *«L'idée que chaque femme, peu importe ses positions politiques, conservatrice ou libérale, pouvait elle aussi adapter le féminisme pour l'intégrer dans son style de vie habituel s'est imposée. Il est évident que cette façon de penser a rendu le féminisme plus acceptable, parce qu'elle présuppose que les femmes peuvent être féministes sans se remettre en question, sans changer de culture en profondeur.»* Ce n'est qu'en opérant ce changement de culture qu'on pourra être réellement sorores.

**Réponses:** 1. Girlfriend - Avril Lavigne / 2. Stupid Girls - Pink / 3. Vengeance d'une louve - Brigitte / 4. Confessions Nocturnes - Diam's et Vitaa

CORPS / SEXO

FORCE 1

# Dis-moi comment tu meurs, je te dirais qui tu es

**En 1993, l'étudiante en biologie moléculaire Wendy Northcutt crée les Darwin Awards : un prix sarcastique qui récompense les morts les plus ridicules et improbables de l'histoire. On t'en a sélectionné quelques-unes.**

**Pour chaque mort, indique s'il s'agit d'un homme ou d'une femme!**

**1**

À Toronto, cette personne voulait démontrer à ses clients la solidité d'une fenêtre en se jetant contre elle. S'en est suivie une chute de 24 étages.

UN HOMME - UNE FEMME

**1**

En Floride aux USA, en voulant brûler le magasin de son ex pour se venger, cette personne s'est brûlée elle-même.

UN HOMME - UNE FEMME

**3**

Au Cambodge, un jeu à boire tourne mal. Chaque verre est suivi d'un saut sur une vieille mine pas désactivée. Bon évidemment la mine explose et les trois personnes sont tuées.

DES HOMMES - DES FEMMES

**4**

Au pays de Galles, cette personne a parié qu'elle pourrait manger un cheeseburger en une seule bouchée. Elle est décédée, étouffée.

UN HOMME - UNE FEMME

**5**

En Allemagne, en 1999, une personne a grimpé une tour de transmission pour avoir une meilleure vue de l'éclipse solaire. Elle a touché un câble de 20 000 volts et n'a pas survécu.

UN HOMME - UNE FEMME

**6**

À New York, aux USA, des motocyclistes manifestent contre le port du casque à moto. Un·e manifestant·e a un accident et meurt pendant la manifestation.

UN HOMME - UNE FEMME

En se basant sur les Darwin Awards, des chercheur·euses ont étudié les «différences genrées dans les conduites stupides» dans une étude publiée dans le British Medical Journal. Les hommes représentent 90 % des vainqueurs des Darwin Awards. L'équipe de l'université de Newcastle conclut son étude ainsi: «Beaucoup des différences que l'on observe entre les hommes et les femmes [...] peuvent être expliqués par le fait que les hommes sont des idiots et que les idiots font des choses stupides.» C'est la science qui le dit.

**Réponses:** Ce ne sont évidemment que des hommes, vive le sexe raisonnable!

# Les différentes sexualités

AMOUR
FORCE 3

**La liberté, c'est le choix de pouvoir être qui l'on veut avec qui l'on veut. Les orientations sexuelles sont bien plus nombreuses que tu ne le penses !**

**Relie l'orientation sexuelle à sa définition.**

| ORIENTATION | |
|---|---|
| GAY | 1. |
| LESBIENNE | 2. |
| BISEXUEL-LE | 3. |
| PANSEXUEL·LE | 4. |
| ABROSEXUEL·LE | 5. |
| AROMANTIQUE | 6. |
| ASEXUEL·LE | 7. |
| DEMIROMANTIQUE | 8. |
| AROACE | 9. |
| ALLOSEXUEL·LE | 10. |
| DEMISEXUEL·LE | 11. |
| CÉTÉROSEXUEL·LE | 12. |
| GRAYSEXUEL·LE | 13. |
| QUESTIONING | 14. |
| PANSENSUEL·LE | 15. |
| HOMOSEXUEL·LE | 16. |
| HOMOFLEXIBLE | 17. |
| LITHROMANTIQUE | 18. |

| | DÉFINITION |
|---|---|
| A | Personne attirée physiquement, amoureusement ou émotionnellement par plus d'un genre. |
| B | Personne pouvant être attirée physiquement, amoureusement ou émotionnellement par des personnes, peu importe leur sexe ou leur genre. |
| C | Personne qui ne ressent pas de désir sexuel. |
| D | Homme attiré physiquement, amoureusement ou émotionnellement par des hommes. Certaines femmes utilisent ce terme pour décrire leur attirance envers une personne du même sexe. |
| E | Femme attirée physiquement, amoureusement ou émotionnellement par d'autres femmes. |
| F | Personne qui ne ressent pas d'attirance, ni sexuelle, ni romantique. |
| G | Personne qui peut ressentir des changements à intervalles variables dans son attirance sexuelle. Par exemple, elle pourrait se sentir attirée par l'asexualité un jour et par la polysexualité le lendemain. |
| H | Personne sensible à d'autres formes de sexualité que l'hétérosexualité. |
| I | Individu étant attiré par les personnes non binaires, queer ou trans. Cette définition n'exclut pas arbitrairement la possibilité d'être attiré par des personnes cisgenres également. |
| J | Personne qui ne ressent pas le besoin d'être dans une relation romantique. |
| K | Personne qui ne peut ressentir d'attirance romantique qu'à partir du moment où elle établit un lien fort avec une personne. |
| L | Personne pour qui l'attirance sexuelle n'apparaîtra qu'avec la création d'une relation et un lien bien spécifique. |
| M | Personne majoritairement attirée par les personnes de même sexe, mais qui parfois a des relations avec des personnes hétérosexuelles. |
| N | Personne attirée par les personnes du même sexe. |
| O | Personne qui ne souhaite pas une relation amoureuse réciproque. Dans cette relation à sens unique, elle préférera la théorie et la fiction. |
| P | Personne qui a une faible libido. |
| Q | Personne qui a une attirance sensuelle et non sexuelle (étreintes, gestes tendres, baisers, etc.) pour une autre, peu importe son genre et sa sexualité. |
| R | Personne qui a des interrogations par rapport à son orientation sexuelle et/ou identité de genre. |

**Réponses** : 1. D / 2. E / 3. A / 4. B / 5. G / 6. J / 7. C / 8. K / 9. F / 10. H / 11. L / 12. I / 13. P / 14. R / 15. Q / 16. N / 17. M / 18. O

# Petites & grandes victoires

**Dans le sport et dans la vie, c'est important de célébrer les petites et grandes victoires. C'est parti pour un quiz tout en réussite !**

**1** Le 18 décembre 2023, l'équipe de France de handball est sacrée championne du monde pour la troisième fois. Lors de ce match, les Bleues ont vaincu :

**A.** La Norvège
**B.** L'Angola
**C.** La Hongrie

**2** En août 2023, après la victoire des Espagnoles lors de la Coupe du monde de football, Luis Rubiales, président de la Fédération royale espagnole de football, agresse sexuellement une joueuse en l'embrassant sans son consentement. Après une vague de soutien, la joueuse obtient justice. Quel est son nom ?

**A.** Salma Paralluelo
**B.** Olga Carmona
**C.** Jenni Hermoso

**3** D'après une étude Nielsen, les téléspectateur·ices ont envie de suivre le sport féminin à la télé, mais deux facteurs les en empêchent. Lesquels ?

**A.** Le manque d'information et le manque d'accès
**B.** Le manque de temps et le manque d'envie
**C.** Le manque d'argent et le manque d'accès

**4** En skateboard, un 720 est une figure où on doit effectuer deux rotations complètes dans les airs. Quelle sportive de 13 ans a réalisé le premier 720 féminin lors d'une compétition ?

**A.** Reese Nelson
**B.** Arisa Trew
**C.** Asahi Kaihara

**5** En 2021, la golfeuse Hailey Davidson est la première personne transgenre à remporter un tournoi professionnel. Quelle est sa nationalité ?

**A.** Australienne
**B.** États-unienne
**C.** Écossaise

**Réponses :** 1. A / B. C / 3. A / 4. B / 5. C

JURIDIQUE
FORCE 3

# Avant / après

**En matière d'égalité, historiquement, on traîne la patte. Pour chaque énoncé, écris «avant» ou «après» entre les deux propositions, pour savoir dans quel ordre elles sont arrivées en France.**

**1**

Le mariage pour tous ________ L'interdiction des thérapies de conversion (visant à modifier l'orientation sexuelle ou l'identité de genre d'une personne)

**2**

L'abolition du crime de sodomie qui condamnait à la « peine du feu » (au bûcher quoi) les hommes homosexuels _____ La Révolution française

**3**

La liberté religieuse comme droit fondamental ________ Le sacre de Napoléon Bonaparte

**4**

L'inscription de l'égalité entre hommes et femmes dans le préambule de la Constitution ________ La Ve République

**5**

Édith Cresson nommée première femme Première ministre _____ La naissance de Gabriel Attal

**6**

La loi posant le principe de l'égalité de rémunération « pour un même travail ou un travail de valeur égale » ________ Le 40e anniversaire de Jacques Chirac

**Réponses :** 1. Dix ans avant / 2. Deux ans après / 3. Cinq ans avant / 4. Douze ans avant, à l'instauration de la IVe République / 5. Deux ans après / 6. Un mois après

MUSIQUE
FORCE 1

# DJ oubliées

**Née au début des années 80 grâce aux DJ des clubs queer noirs de Chicago et New York, la *house music* remixe les divas du disco avec des instrumentales plus clean, plus de basse et du synthé.**

À l'aide du carré de Polybe ci-dessous, déchiffre les noms des femmes noires qui ont largement contribué à façonner la house music pour ensuite être… invisibilisées.

*Chaque lettre correspond à une paire de chiffres : le premier est le numéro de la colonne, et le second le numéro de la ligne. Par exemple, 38 = colonne 3 et ligne 8, soit la lettre D.*

| | 0 | 1 | 2 | 3 | 4 |
|---|---|---|---|---|---|
| 5 | A | F | N | T | X |
| 6 | J | B | G | O | U |
| 7 | Q | K | C | H | P |
| 8 | V | R | L | D | I |
| 9 | Y/Z | W | S | M | E |

**1** DJ très connue à l'époque dans la scène disco et house, elle a contribué à créer le son house que l'on connaît et à le diffuser dans le monde entier.

29 37 05 18 36 25    19 37 48 35 49

S _ _ _ _ _    _ _ _ _ _

**2** Figure de proue de la scène house de Détroit, elle était connue comme la « marraine de la house ». Elle a joué, entre autres, au célèbre Studio 54. Militante, elle a également fondé la *Detroit's Lesbians of Color organization* (l'association des lesbiennes racisées de Détroit).

29 35 05 27 49 09

_ _ _ _ _ _

37 36 35 35 19 05 45 45    37 05 28 49

H _ _ _ _ _ _ _    _ _ _ _

**3** DJ et compositrice, elle a notamment produit de nombreux tubes, dont ceux de Colonel Abrams, chanteur reconnu aujourd'hui comme l'un des « architectes de la house ». Surprise (non), elle n'a jamais été créditée pour son travail.

09 08 36 25 25 49    35 46 18 25 49 18

_ _ _ _ _ _    T _ _ _ _ _

**Réponses :** 1. Sharon White / 2. Stacey Hotwaxx Hale / 3. Yvonne Turner

# UNE VIE

## LE CHEVALIER D'ÉON, UN SECRET DE ROI BIEN GARDÉ

***Dans les salons de l'Europe du XVIII^e^ siècle, où les secrets se murmurent à travers des perruques poudrées et les intrigues se dévoilent sous des lustres scintillants, le récit du chevalier d'Éon transcende les domaines de l'espionnage et nous plonge dans les mystères de l'identité de genre. L'histoire du chevalier d'Éon n'est pas une simple histoire d'espionnage; c'est la symphonie tragique d'une âme enchevêtrée dans les fils délicats des attentes sociétales en matière de genre.***

Charles Geneviève Louis Auguste André Timothée d'Éon de Beaumont (rien que ça) naît en 1728, sous le règne tumultueux de Louis XV. Né dans un milieu modeste, il voit sa vie prendre un tournant inattendu lorsqu'il est recruté par le prince de Conti pour rejoindre le Secret du Roi, une branche secrète du réseau de renseignement de Louis XV. Le chevalier d'Éon devient espion.
C'est lors d'un bal costumé tenu à Versailles qu'Éon se libère des carcans des normes de genre. Invité par la comtesse de Rochefort, le chevalier se présente sous une identité féminine: Lia de Beaumont. C'est le début de sa transition. Très vite, des questions se posent: est-ce un choix politique, personnel ou stratégique?

En 1755, il est envoyé en mission en Russie pour assurer une alliance entre la Russie et la France contre leurs ennemies communes: l'Angleterre et la Prusse. Pour sa mission, le chevalier jongle entre ses deux identités avec brio, brouillant les lignes entre réalité et performance, faisant un pied-de-nez à la binarité de genre.

L'Histoire ne trompe pas: la fluidité de genre a toujours fasciné. Ainsi, en 1771, lors d'une mission en Angleterre, Éon devient une énigme à résoudre et les Anglais parient sur son identité : est-ce un homme ou une femme?

Sous les yeux médusés de l'Europe du XVIII^e^, Éon s'affranchit des normes de genre. Seulement, son identité pose un problème légal : Éon vit comme une femme et, pourtant, sauf preuve du contraire, iel est né·e homme. En France, à l'époque, on ne sait pas comment le gérer. Louis XVI finit par publier un décret concernant le chevalier: s'il veut vivre comme une femme, qu'il le fasse! Le chevalier d'Éon est alors dépossédé de ses titres et condamné à porter des vêtements de femme pour le reste de sa vie. Il plongera dans la pauvreté. Qu'importe, Éon accepte sans problème sa nouvelle condition de chevalière.

En 1810, la chevalière d'Éon rend son dernier souffle et laisse derrière elle une curiosité morbide, partiellement assouvie par une autopsie. Si elle révèle qu'Éon était biologiquement de sexe masculin, elle ne lèvera jamais l'énigme sur sa véritable identité de genre.

Dans la grande aventure du chevalier d'Éon, on retiendra son audace à embrasser toutes les facettes de son identité dans un monde réticent à accepter toute chose au-delà des limites des normes sociétales. Bravo Éon.

# ANNIE JONES: SORTIR DE LA CAGE DU CIRQUE

**Au XIXe, certains hommes peu scrupuleux n'hésitent pas à exploiter celleux aux particularités physiques hors norme ou pathologies inconnues, comptant sur la curiosité malsaine du public pour s'enrichir. Derrière le rideau, une femme se bat pour définir son identité, loin de l'étiquette de bête de foire qu'on lui colle.**

Le 14 juillet 1865, dans l'État de Virginie aux États-Unis, naît Annie Jones, une petite fille au visage recouvert d'un épais duvet. Elle est atteinte d'hirsutisme, le développement excessif de poils dans les zones dites masculines. Cette caractéristique inhabituelle inspire vite l'étonnement et la cupidité. Ainsi, à tout juste 9 mois, Annie se retrouve malgré elle exposée au musée de New York. C'est Phineas Taylor Barnum, précurseur du cirque moderne et futur showman, qui la met sous les feux des projecteurs. Très vite, elle devient connue comme « la femme à barbe ». On vient de loin et on paie cher pour voir celle qu'on considère comme une anomalie.

Et elle n'est pas seule, à cette époque ; les cirques font leur beurre grâce aux fameux freak shows : ces spectacles où l'on fait parader celleux qu'on appelle des « monstres humains » comme des bêtes de foire. Très jeune, Annie se retrouve piégée dans un contrat d'exploitation la retenant dans les griffes du cirque Barnum pour trois ans. Elle devient si célèbre qu'elle est même kidnappée par d'autres propriétaires de cirque. Pourtant, c'est bien d'une vie libre, loin du chapiteau, qu'Annie rêve.

Le premier pas vers la liberté est simple et extrêmement difficile à la fois. Dans une société aux normes de beauté rigides, Annie Jones a l'audace de s'accepter et s'aimer telle qu'elle est. Loin de se considérer comme une bête de foire, elle a fait de sa pilosité faciale un symbole de pouvoir. Artiste musicienne, elle propose des spectacles travaillés qui mettent en avant ses charmes, laissant les spectateurices s'interroger sur la notion même de beauté.

À 15 ans, elle est mariée au crieur de foire Richard Elliot. Tour à tour refuge et prison, ce mariage dure 15 ans et se soldera par un divorce. Qu'importe, elle se console dans les bras d'un autre crieur, William Donovan, qui meurt peu de temps après leur union.

**TRÈS VITE, ELLE DEVIENT CONNUE COMME "LA FEMME À BARBE".**

Après le décès de son second mari, Annie est contrainte de retourner sous le chapiteau Barnum. Résiliente, elle ne se laisse pas faire et passe sa vie à lutter contre l'exploitation de ses pairs et à refuser l'utilisation du terme freak (monstre) pour les définir, ses camarades et elles.

En 1902, la tuberculose l'emporte, à l'âge de 37 ans. Alors que le rideau tombe sur la vie d'Annie Jones, son héritage perdure. Elle n'est pas seulement la femme à barbe ; elle est celle qui s'est rebellée contre la barbarie du cirque moderne, celle qui s'est libérée des carcans étroits de la beauté normée, celle qui a su se définir seule.

LITTÉRATURE
FORCE 3

# Vous avez dit miso ?

**On passe des heures à encenser de «grands» auteurs qui ont façonné la pensée d'hier et d'aujourd'hui. Sans grande surprise, la plupart sont misogynes. À l'aide des citations données, retrouve les noms d'auteurs de ces mots croisés. On a mis leur prénom entre parenthèses pour t'aider!**

○ HORIZONTAL
● VERTICAL

**4** Cet écrivain est connu pour ses romans d'aventures qui mettent en avant les progrès scientifiques de l'époque. D'ailleurs l'aventure pour Jules, c'est plus sympa sans les femmes: « *Les femmes n'interviennent jamais dans mes romans tout simplement parce qu'elles parleraient tout le temps et que les autres n'auraient plus rien à dire.* » (Jules)

**6** Célèbre poète des *Fleurs du mal*, il n'y a qu'à lire son oeuvre pour voir sa misogynie: « *La femme est naturelle, c'est-à-dire abominable.* » (Charles)

**8** *Bel-Ami, Le Horla, Boule de suif*… Cet auteur est un incontournable du programme de français. Par contre, il a des occupations bien à lui. Dans une lettre, il se réjouit: « *Alleluia j'ai la vérole, par conséquent je n'ai plus peur de l'attraper, et je baise les putains des rues, les roulures des bornes et après les avoir baisées je leur dis "J'ai la Vérole". Et elles ont peur et moi je ris, ce qui me prouve que je leur suis bien supérieur.* » (Guy)

**9** Ce fondateur de la psychanalyse est persuadé que les femmes sont inférieures par nature: « *Le secret de l'imbécillité physiologique des femmes réside dans le fait qu'elle est une conséquence du refoulement sexuel.* » (Sigmund)

**10** Écrivain, ancien député et figure de la Révolution, il avait une très haute opinion des femmes (non): « *C'est nous qui faisons des femmes ce qu'elles valent et voilà pourquoi elles ne valent rien.* » (Honoré-Gabriel Riqueti)

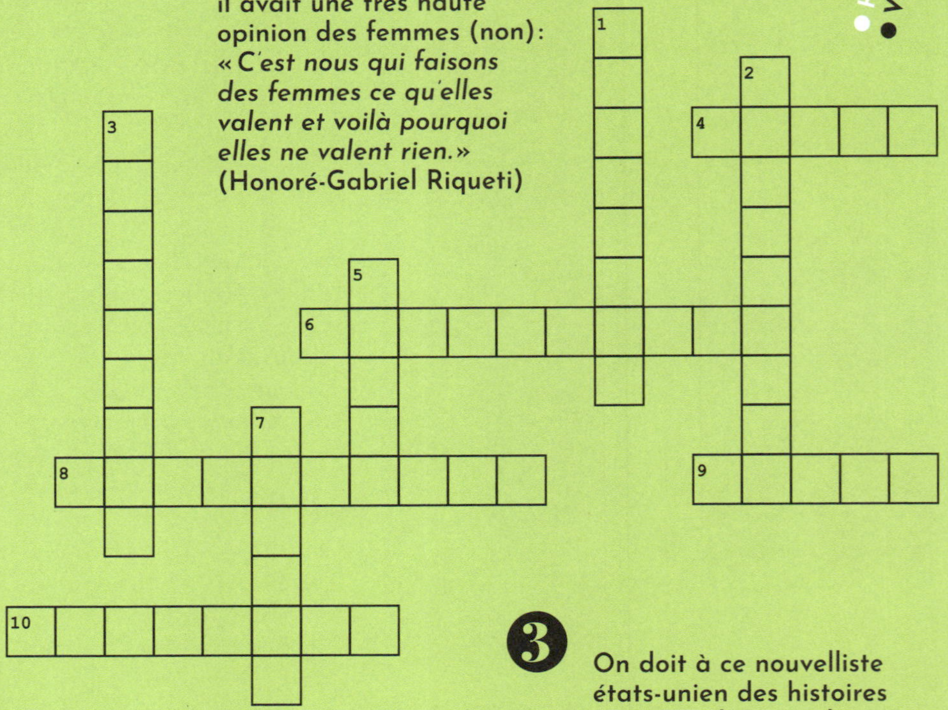

**3** On doit à ce nouvelliste états-unien des histoires qui puent la masculinité toxique comme *Le vieil homme et la mer*. Misogyne, agressif et alcoolique, il ne cache pas sa haine des femmes: « *Si vous quittez une femme, il vous faudra probablement la fusiller. Cela vous permettra d'éviter un tas d'ennuis, même si vous finissez pendu.* » (Ernest)

**1** La France, les Lumières, la liberté, l'égalité… Dans *Du contrat social*, cet auteur défend tout ça. Dans la vie, il pense que ça ne concerne pas trop les femmes puisque « *Les femmes en général n'aiment aucun art, ne se connaissent à aucun et n'ont aucun génie* ». (Jean-Jacques)

**5** Le célèbre auteur de *L'étranger* a déclaré: « *Une femme fidèle rend un seul homme malheureux.* » (Albert)

**2** Ancien publicitaire devenu romancier devenu bien bien réac, il se lamente dans son dernier livre: « *La peur de la prison retient les hommes d'agresser sexuellement toutes les femmes qui leur plaisent.* » (Frédéric)

**7** Ce biographe américain, qui a poignardé sa compagne, est par ailleurs persuadé qu'« *un peu de viol est bon pour l'âme de l'homme* ». (Norman)

**Réponses:** Vertical: 1. Rousseau / 2. Beigbeder / 3. Hemingway / 5. Camus / 7. Mailer
Horizontal: 4. Verne / 6. Baudelaire / 8. Maupassant / 9. Freud / 10. Mirabeau

MUSIQUE
FORCE 1

# Les invisibles: femmes noires et tubes

**L'invisibilisation des femmes dans la musique ne date pas d'hier. Si en plus ces femmes sont noires, grosses ou queer, autant te dire qu'elles n'existent pas! On est sûres que ces tubes t'enjaillent, mais sais-tu qui les chante? Utilise le code morse pour décoder le nom de ces chanteuses invisibles.**

| | | | |
|---|---|---|---|
| A .- | B -... | C -.-. | D -.. |
| E . | F ..-. | G --. | H .... |
| I .. | J .--- | K -.- | L .-.. |
| M -- | N -. | O --- | P .--. |
| Q --.- | R .-. | S ... | T - |
| U ..- | V ...- | W .-- | X -..- |
| Y -.-- | Z --.. | | |

**1** Technotronic, c'est un duo belge. En 1989, pour la sortie du tube *Pump up the jam*, la moitié féminine du duo est remplacée dans le clip et sur la pochette par la mannequin Felly Kilingi « pour des raisons marketing ». Ben oui, elle a écrit les paroles, chante et coproduit le titre, mais tu comprends, elle a un look « trop masculin »...

-.-- .- -.- .. -.. -.-

Y _ _ _ _ _ _ _

**2** En 1989, une reine du disco chante sur le tube *Ride on time* de Black Box. Non seulement elle n'est pas créditée, mais on la remplace dans le clip par la mannequin Katrin Quinol. L'artiste ne se démonte pas: elle entame des poursuites contre la maison de disques, et gagne.

-- .- .-. - .... .- .-- .- ... ....

M _ _ _ _ _ _ W _ _ _

**3** « Everybody dance now » c'est la phrase qu'on retient sur le tube *Gonna make you sweat* de C+C Music Factory. En 1990, la chanteuse d'origine est remplacée dans le clip par Zelma Davis, une autre chanteuse au physique plus « vendeur ». L'artiste invisibilisée a donc entrepris une action en justice, qu'elle remporte. Sa carrière solo finit par rencontrer le succès qu'elle mérite quelques années plus tard.

.-.. --- .-.. . .- - - .- .... --- .-.. .-.. --- .-- .- -.--

L _ _ _ _ _ _ _ _ H _ _ _ _ _ _ _

**4** En 1991, cette chanteuse sort la chanson *Finally* qui se hisse rapidement en tête des charts. Ce tube et l'album dont il est issu lui vaudront plusieurs nominations et prix. Pourtant, la chanteuse constate son invisibilisation. Dans une interview, elle affirme qu'on connaît sa chanson, mais pas son visage.

-.-. . -.-. . .--. . -. .. ... - --- -.

C _ _ _ _ P _ _ _ _ _ _ _

**5** En 1998, le DJ allemand Mousse T sort la chanson *Horny* avec le duo Hot'n'Juicy. Ce duo est composé de deux chanteuses: Emma Lanford et Nadine Richardson. Pour *Horny*, elles ont collaboré avec une autre artiste, qui a chanté le refrain. Cette dernière n'apparaît ni sur la pochette, ni dans le clip.

.. -. .- -.-- .- -.. .- -.--

I _ _ _ _ D _ _

**Réponses :** 1. Ya kid K / 2. Martha Wash / 3. Loleatta Holloway / 4. Cece Peniston / 5. Inaya Day

# Comment présenter des excuses?

**Dans les relations, ça arrive de faire des erreurs. Dans ces cas-là, on les admet et, si on est effectivement désolé·e, on présente des excuses. Simple? Pas tant que ça! Voilà un guide pour t'aider à présenter correctement des excuses.**

## *Suis-je prêt·e à présenter des excuses?*

**Avant tout, demande-toi si tu es prêt·e à présenter des excuses. Pour cela, réfère-toi au schéma ci-dessous, on t'attend.**

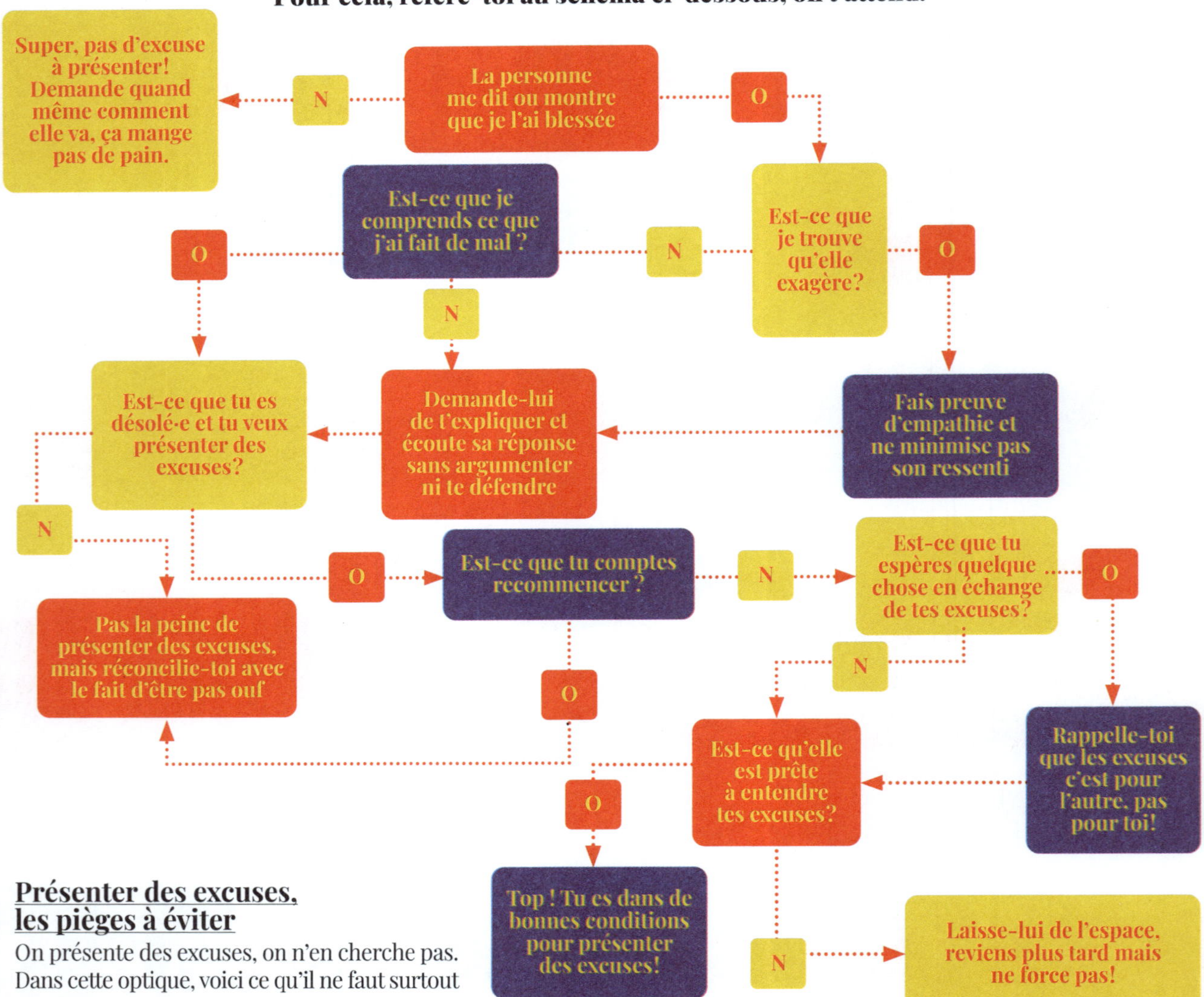


## Présenter des excuses, les pièges à éviter

On présente des excuses, on n'en cherche pas. Dans cette optique, voici ce qu'il ne faut surtout pas faire:

👎 *Désolé·e, **mais** [je vais pas bien | mon chien est mort | j'étais KO]*
→ On attend que tu prennes tes responsabilités, pas que tu te dédouanes.

👎 *Désolé·e **si** je t'ai fait du mal...*
→ Ne remets pas en question le ressenti de la personne en face.

👎 *Désolé·e mais **toi aussi** tu m'as fait du mal...*
→ C'est pas le propos, c'est pas un concours. Si tu as quelque chose à reprocher à l'autre, mieux vaut ne pas attendre une dispute pour le dire et en parler au calme à un autre moment.

## On va plutôt dire:

👌 *Désolé·e de [insérer ici l'objet de la discorde], je sais que ça t'a blessé·e et j'en suis sincèrement désolé·e.*

## J'ai présenté mes excuses, et maintenant?

Il peut arriver que la personne te dise qu'elle ne souhaite plus relationner avec toi, qu'elle ne veut plus te parler: n'insiste pas. Elle ne te doit pas l'écoute, ni le pardon. La fameuse «deuxième chance», c'est pas automatique: tu ne peux pas l'exiger. Oui, c'est frustrant, mais c'est la vie. Quand on blesse une personne, c'est un risque à prendre.

**Rappelle-toi: présenter des excuses, c'est bien. Se comporter de manière à ne pas avoir à en présenter: c'est tellement mieux!**

# TRADUISONS-LES

**Quand tu crées ton profil sur une application de rencontre, en général, tu ajoutes des photos et une petite biographie. Ce qu'on constate, c'est que les hommes hétéros ne sont pas très originaux… On t'a compilé le meilleur du pire des applis! Pour chaque profil, devine sa traduction honnête. Attention, plusieurs réponses sont parfois possibles.**

**1 Dans son profil, il y a des photos de lui avec plein d'enfants noir·es dans un pays en Afrique. Ce qu'il veut vraiment dire:**

**A.** Il a été adopté par une famille noire et c'est ses petits frères et sœurs
**B.** Il a adopté des enfants noir·es pour montrer que le racisme c'est mal
**C.** Il a fait un voyage humanitaire pendant ses années HEC dans un pays en Afrique et depuis il ne voit plus les couleurs

**2 Dans son profil, il a une photo de lui avec un bébé et un «c'est mon neveu / ma nièce». Ce qu'il veut vraiment dire:**

**A.** Il a un enfant et il n'assume pas parce qu'une femme lui a volé son sperme dans la capote et l'a obligé à être père alors qu'il voulait pas, mais il a pas le droit de l'obliger à avorter
**B.** Il a un *breeding kink* (fétichisme consistant à être excité sexuellement par l'idée de féconder quelqu'un)
**C.** Il croit qu'avoir un enfant en photo de profil le rend plus séduisant

**3 Il a une photo de lui avec un animal mignon et une bio qui dit «Si t'es gentille, je te laisserai le caresser». Ce qu'il veut vraiment dire:**

**A.** Il a compris qu'on préfère les photos de chaton aux *dick pics*
**B.** Il aimerait surtout que tu lui caresses autre chose
**C.** Ce n'est pas son animal, il l'a volé pour la photo de profil et abandonné sur une autoroute après. La SPA le recherche activement

**4 Il a une photo de lui avec un gros poisson. Ce qu'il veut vraiment dire:**

**A.** Pêcheur, il fait honneur à ses ancêtres chasseurs-cueilleurs
**B.** Donne un poisson à un homme et tu le nourris pour un jour. Apprends à un homme comment pêcher, il te nourrira toute sa vie
**C.** Il ne sait pas que ça ne plaît à personne, un poisson mort en photo de profil

**Réponses:** 1. C / 2. C / 3. B / 4. C.

JURIDIQUE
FORCE 2

# *Les droits WTF* à travers le monde

**Les lois qui entourent les femmes, les minorités de genre et la sexualité ont connu une lente évolution. Pourtant, certains pays résistent. De nombreuses lois à travers le monde font hurler. Sauras-tu déterminer si ces lois existent vraiment ou non?**

1. En Italie, les femmes ne peuvent conduire que des voitures automatiques.

   ○ VRAI ○ FAUX

2. En Inde, les femmes sont exemptées du port obligatoire du casque en deux roues motorisées sur certaines routes.

   ○ VRAI ○ FAUX

3. En Arabie saoudite, les femmes n'ont pas le droit de porter des fausses dents sans l'accord de leur mari.

   ○ VRAI ○ FAUX

4. En France, une pénétration avec la langue n'est pas un viol.

   ○ VRAI ○ FAUX

5. En Suisse, la durée du viol peut être considérée comme une circonstance atténuante.

   ○ VRAI ○ FAUX

6. En Caroline du Nord, aux États-Unis, les femmes ne peuvent pas retirer leur consentement pendant un rapport sexuel.

   ○ VRAI ○ FAUX

7. Au Michigan, aux États-Unis, les hommes n'ont pas le droit de séduire une femme célibataire.

   ○ VRAI ○ FAUX

**Réponses :** 1. Faux / 2. Vrai / 3. Faux, c'est aux États-Unis, dans l'État du Vermont / 4. Vrai, c'est ce qu'une juridiction française a déduit contra legem* (*contraire à la loi écrite) / 5. Vrai, une juridiction d'appel a considéré que 11 minutes était une durée courte et que donc il fallait adapter la peine en fonction. / 6. Vrai / 7. Vrai

SPORT
FORCE 2

# Battus à leur propre jeu

**Tu savais que les hommes ont ségrégué le sport en groupes hommes / femmes parce qu'ils ne supportaient pas de voir des femmes les battre? Parfois ils ont même interdit l'accès aux compétitions à ces dernières. Le sexe fort a un ego bien faible, hein. Sauras-tu dire quelle femme a battu les hommes à leur propre jeu en résolvant les charades?**

**1**

Mon premier est « oui » en allemand
Mon second est un pronom interrogatif singulier désignant une personne
Mon troisième est le contraire de tard
Mon quatrième est Nana divisé par deux
Mon cinquième peut être appelé mistral ou tramontane
Mon sixième est « oui » en russe

Mon tout est une femme afroaméricaine, surnommée « Muhammad Ali version femme », elle affronte Larry Rodania et le met KO au deuxième round en 1975.

Réponse: Jackie Tonawanda (Ja - Qui - Tôt - Na - Vent - Da)

**2**

Mon premier est le B de LGBTQIA+
Mon second est le verbe lire conjugué à la première personne du singulier
Mon troisième est un pantalon en denim devenu un vêtement incontournable
Mon quatrième est « roi » en anglais

Mon tout est une femme qui a battu Bobby Riggs au tennis dans le match qu'on a plus tard appelé « The battle of the sexes ».

Réponse: Billie Jean King (bi - lis - jean - king)

**3**

Mon premier est « bite » en anglais
Mon second est la capitale de l'Égypte
Mon troisième est la note de musique de référence pour accorder
Mon quatrième est le verbe dire conjugué à la troisième personne du pluriel

Mon tout est l'équipe de femmes qui a battu une équipe d'hommes au football, le tout en remplissant un stade de 50 000 personnes, du jamais-vu à l'époque, ce qui conduit à l'interdiction de compétitions aux femmes.

Réponse: Dick Kerr Ladies (dick - Caire - La - Disent)

**4**

Mon premier est le contraire de la mort
Mon second est une exclamation espagnole qui sert à encourager
Mon troisième est le pronom personnel de la deuxième personne du singulier
Mon quatrième est la ville d'origine du brie
Mon cinquième est le cordage dont on se sert pour attacher sur le pont la chaloupe ou une autre embarcation

Mon tout est une athlète qui a pratiqué bien des sports et s'est particulièrement illustrée lors de la course du Bol d'Or en 1927 battant 18 hommes et parcourant 1 700 km en 24 heures. Elle a été abattue sans procès par un groupe de maquisards qui l'accusaient de collaborer avec les Allemands lors de la Seconde Guerre mondiale.

Réponse: Violette Morris (Vie - Olé - Te - Meaux - Risse)

MATHS
FORCE 1

# Qui fait quoi?

**Dans un salon de thé, quatre femmes discutent de leurs professions. Chacune occupe un métier différent. Peux-tu deviner qui fait quoi? Attention, il y a un piège ou deux!**

1. Alice ne travaille ni comme avocate ni comme médecin.
2. Emma, qui n'est pas photographe, n'exerce pas non plus dans un métier du droit, elle a horreur de ça, comme Olivia.
3. Olivia n'est ni ingénieure ni médecin.
4. L'ingénieure n'est pas Charlotte, qui n'est pas photographe.
5. Alice n'enseigne rien à personne, d'ailleurs Charlotte non plus.
6. La professeure n'est pas Emma, qui n'est pas médecin non plus.
7. Alice exerce un métier où elle n'est pas la bienvenue.
8. La designer n'est ni Charlotte, ni Alice.
9. Charlotte n'est pas juge ou avocate.
10. L'ingénieure n'est pas Emma.
11. La juge n'est pas Alice.
12. Olivia exerce un métier qui n'a pas de G.
13. Sur son lieu de travail, on croit souvent que Charlotte exerce un autre métier.
14. L'architecte n'a pas de A dans son prénom.
15. Alice n'aime pas être prise en photo et n'aime pas non plus prendre des photos.
16. Olivia fait malheureusement partie d'un fantasme de masochistes.

**Réponses:** Alice - Ingénieure / Charlotte - Médecin / Emma - Designer / Olivia - Professeure

# L'écriture inclusive, bête noire des réac'

**Le sénat a décidé que l'écriture inclusive c'est non. Concernant le français, Emmanuel Macron affirme qu'on *«n'a pas besoin d'y ajouter des points au milieu des mots, ou des tirets ou des choses pour le rendre lisible»*. Au sein des ministères, des circulaires déconseillent fortement (pour ne pas dire interdisent) l'utilisation de l'écriture inclusive. Ça compliquerait l'apprentissage du français, ça abîmerait la langue de Molière et ça détruirait notre civilisation. Mais qu'en est-il vraiment?**

## LE FRANÇAIS EST NEUTRE

Un docteur peut désigner une femme, les droits de l'Homme concernent toute la population et mon correcteur orthographique (un homme, probablement) essaie de me forcer à masculiniser les noms de métier. La langue française utilise le « générique masculin », un oxymore qu'on intègre dès le plus jeune âge. Si cela ne pose pas de problèmes de compréhension, cela pose des problèmes de représentation. D'après la recherche, le langage est la cause, et la cognition (les pensées) en est l'effet. De nombreuses études arrivent à la même conclusion : employer le *générique masculin* active plus de représentations masculines. Par exemple, lorsqu'on nous demande de citer des personnalités politiques qui seraient de bons « candidats » pour le poste de Premier ministre, on cite des femmes dans seulement 20 % des cas. Lorsqu'on parle de « candidats / candidates », le pourcentage de femmes citées grimpe à 40 %.

Au-delà des perceptions, le langage impacte aussi notre comportement. Depuis les années 2000, la recherche prouve que lorsqu'on utilise une langue genrée et le masculin générique (comme le français), on est plus sujet à renforcer les inégalités et stéréotypes de genre que lorsqu'on emploie une langue moins genrée (comme le suédois ou le néerlandais).

Si on doit résumer, la science nous dit deux choses:

- Oui, le langage façonne nos comportements et notre pensée
- Non, le masculin n'est pas neutre

Alors d'accord, mais si on utilise un langage genré, c'est parce que c'est plus facile, non? Non.

## LA (PAS SI) BONNE EXCUSE DE LA DYSLEXIE

Il paraît que l'écriture inclusive est plus difficile à apprendre, surtout pour les personnes présentant un trouble de l'apprentissage comme la dyslexie. Or, aucune étude à ce jour ne prouve que le langage inclusif est plus compliqué à apprendre, qu'on présente un trouble de l'apprentissage ou non. Et oui, ça comprend le point médian.

En réalité, quand notre cerveau maîtrise le français classique, il est surpris la première fois qu'il rencontre des formules inclusives. Cela lui demande un effort supplémentaire de compréhension. Il va alors dire: « Je connais pas, je suis pas fan », ce à quoi on répondra: « T'inquiète, tu vas t'habituer. »

Heureusement, le cerveau apprend; la science montre qu'il s'habitue très vite à l'écriture inclusive si on l'y expose et que les formules épicènes ne sont pas plus difficiles à comprendre que les formules masculines. Et, comme pour n'importe quel autre langage, plus on est y exposé tôt, plus il est facile à apprendre. C'est bien fait le cerveau, quand même!

Le masculin générique renforce les inégalités et le français inclusif n'est pas plus difficile à apprendre… OK, mais est-ce que changer la manière dont on parle va changer quelque chose? Eh oui Jamy (ref' de trentenaire)!

## LE LANGAGE, ARME D'INCLUSION MASSIVE

L'utilisation d'un langage neutre affecte positivement la confiance en soi des femmes dans les domaines où elles sont habituellement perçues comme moins performantes. Et tu sais quoi ? Ça n'impacte pas négativement les hommes.
La recherche prouve également que des changements, même mineurs, dans notre manière d'utiliser le langage au quotidien ont un impact sur la manière dont on traite les hommes et les femmes à un niveau interpersonnel. En d'autres termes : si on est plus égalitaire dans notre langage, on l'est aussi dans notre comportement.

Tout indique que le langage inclusif est bon pour la santé et la société ! C'est facile à apprendre, ça permet de réduire les stéréotypes de genre et favorise l'égalité à un niveau personnel et société. Pourquoi diable n'est-il pas plus utilisé ?

## LE LANGAGE EST POLITIQUE

Dans la période médiévale et jusqu'au XVII$^{e}$, on accorde en fonction du nombre et de la proximité et on emploie les mots autrice, peintresse, poétesse ou clergesse. En 1673, les membres de l'Académie française, qui fait autorité sur les questions de langue, annoncent vouloir « *suivre l'ancienne orthographe, qui distingue les gens de lettres d'avec les ignorants et les simples femmes* », un projet classiste et sexiste.
Dans les années 70, des linguistes et sociologues pointent du doigt le fait que le langage est un outil social. Dans *Les mots et les femmes*, la linguiste Marina Yaguello rappelle que « *la langue est un miroir culturel, qui fixe les représentations symboliques, et se fait l'écho des préjugés et des stéréotypes, en même temps qu'il alimente et entretient ceux-ci* ». Elle invite à volontairement supprimer les biais de la langue, en féminisant les noms de métier par exemple. Une idée immédiatement tournée en ridicule par l'Académie française.

En 2015, le Haut Conseil à l'Égalité publie un guide pratique encourageant l'utilisation d'une langue sans stéréotype de genre dans les communications officielles. Quelques années plus tard, l'Académie française s'y oppose et le gouvernement lui donne raison. Le 30 octobre 2023, le Sénat adopte largement une loi portée par Les Républicains visant à « *protéger la langue française des dérives de l'écriture dite inclusive* ». Le même jour, Emmanuel Macron inaugure sa cité internationale de la langue française. Dans un discours aux relents colonialistes, il affirme que « *dans cette langue, le masculin fait le neutre* ».

La masculinisation du français est un choix politique. L'Académie française et les classes politiques conservatrices inscrivent dans notre langue, et donc notre pensée, que les hommes éduqués et de culture française sont supérieurs aux autres.

Tu savais que *crush*, *ghoster*, *gênance*, *covidé*, *mégabassine*, *métaverse* et go sont dans le dictionnaire ? Alors oui, c'est pas demain qu'on va entendre Bernard Pivot se plaindre que son crush l'a ghosté, mais osef ! Le français évolue avec la société et l'usage qu'on en fait, et c'est comme ça que ça devrait être. Alors… féminisons, anglicisons, neutralisons, inventons, créons ! La langue française, c'est la nôtre.

# Le mythe du "privilège féminin"

**Quand on parle d'inégalités, il y a toujours un Jean-Mi pas loin prêt à bondir à grand renfort de « Ouais bah en attendant vous payez pas l'entrée en boîte ! ». Réponds aux questions suivantes pour aider Jean-Mi à fermer son grand clapet.**

**1. Après la naissance d'un enfant**
A. Les mères obtiennent plus facilement une augmentation de salaire
B. Les pères obtiennent plus facilement une augmentation de salaire
C. Personne n'obtient d'augmentation, les temps sont durs ma bonne dame

**2. Deux tiers des femmes françaises trouvent que l'allongement du congé deuxième parent (aussi appelé « congé paternité ») est une bonne idée, et :**
A. 60 % des hommes sont d'accord
B. 60% des hommes trouvent que c'est une mauvaise idée
C. 60% des hommes n'ont pas d'avis sur la question

**3. Après un divorce, les mères obtiennent plus souvent la garde des enfants que les pères :**
A. Parce que les juges, ces vilain·es wokistes, favorisent les mères
B. Parce que les mères veulent la garde à tout prix pour se venger de leur ex
C. Parce que les pères ne demandent pas la garde

**4. Le taux de suicide est plus élevé chez les hommes :**
A. Parce que les femmes font moins de tentatives
B. Parce que les hommes sont plus malheureux
C. Parce que les hommes utilisent des méthodes plus létales (pendaison ou arme à feu)

**5. 40% des personnes sans domicile fixe en France sont des femmes :**
A. Et il y a plus de femmes sans abri
B. Et les femmes SDF ont plus facilement recours aux associations pour trouver un hébergement
C. Et l'espérance de vie des hommes SDF est plus basse que celle des femmes

## SEXISME CHEZ LES PERSONNES SANS DOMICILE FIXE

S'il y a presque autant d'hommes que de femmes SDF en France aujourd'hui, elles sont moins visibles dans la rue pour deux raisons : les femmes ont recours aux associations trouvant des hébergements temporaires (contrairement aux hommes) et elles se cachent, ce qui rend leur recensement plus difficile. Par ailleurs, l'espérance de vie des femmes SDF est de 46 ans, contre 50 ans pour les hommes. 90 % de ces femmes sont victimes de violences sexistes et sexuelles. Les agressions sont d'ailleurs une des causes de mortalité principales des femmes SDF.

**Réponses :** 1. B / 2. B / 3. C / 4. C On notera que les tentatives de suicide sont plus élevées chez les femmes / 5. B

# Le gel douche 5 en 1, c'est du liquide vaisselle

**Le marketing genré a encore de longues années devant lui, surtout depuis que les hommes sont devenus des consommateurs comme les autres. Pour les convaincre d'acheter et prendre soin d'eux, les marques n'hésitent pas à jouer avec les codes de la virilité. Quel produit te semble probable ? Entoure la bonne réponse !**

**1**

De l'adoucissant « Unstoppable* ».
(*qu'on ne peut arrêter)

ÇA EXISTE - ÇA N'EXISTE PAS

**2**

Un parfum haut de gamme qui fusionne des accords fumés, des aspects de caoutchouc et même un élément « animal » qui sent l'essence et s'appelle Macho.

ÇA EXISTE - ÇA N'EXISTE PAS

**3**

Des mouchoirs en papier « Real Men* » (*vrais hommes) pour les vrais bonhommes, parce que les vrais bonhommes ça pleure.

ÇA EXISTE - ÇA N'EXISTE PAS

**4**

Des cotons-tiges, l'Ultimate « Multi-Tool* » (*outil ultime) des hommes pour détailler, nettoyer, construire.

ÇA EXISTE - ÇA N'EXISTE PAS

**5**

Des lingettes « Dudes wipe* » (*les mecs s'essuient) pour bien se nettoyer le trou du cul.

ÇA EXISTE - ÇA N'EXISTE PAS

**6**

L'après-shampoing « The Bear* » (*l'ours) pour un poil doux et soyeux.

ÇA EXISTE - ÇA N'EXISTE PAS

**7**

Du vin en canette, « Mancan* » (*canette d'homme), pour faire viril comme les potes quand t'aimes pas la bière.

ÇA EXISTE - ÇA N'EXISTE PAS

**Réponses :** 1. Ça existe, évidemment la bouteille est noire (comme leur âme)
2. Ça existe, Mach-Eau de Ford
3. Ça n'existe pas
4. Ça existe
5. Ça existe et c'est biodégradable !
6. Ça existe
7. Ça existe et le slogan c'est Mancan, shut up and drink (vin en canette, tais-toi et bois)

JURIDIQUE
FORCE 2

# Des misogynes & des lois

**En 1804, Napoléon Bonaparte consacre l'infériorité des femmes dans le Code civil. Évidemment, avant lui, nombre de lois ont consacré la misogynie. Attention cet exercice est délicat, âmes sensibles s'abstenir.**

À l'aide des mots suivants, complète ces lois qui, oui, ont vraiment existé :

**VIVACITÉ / ZÈLE / FRAPPÉ / CRAINDRE / HONNEUR / AMOUR / DIRIGER / CONCOURS / MEURTRE / OBÉISSANCE/ CHEF / CORRECTION / CONCUBINE / REPRENDRE / ADULTÈRE**

**1**

**ARTICLE 213 DU CODE CIVIL**
Le mari doit protection à sa femme, la femme __________ à son mari.

**2**

**ARTICLE 229 DU CODE CIVIL**
Le mari pourra demander le divorce pour cause d'______________ de sa femme.

**3**

**ARTICLE 230 DU CODE CIVIL**
La femme pourra demander le divorce pour cause d'adultère de son mari, lorsqu'il aura tenu sa ______________ dans la maison commune.

**4**

**ARTICLE 217 DU CODE CIVIL**
La femme, même non commune ou séparée de biens, ne peut donner, aliéner, hypothéquer, acquérir, à titre gratuit ou onéreux, sans le ____________ du mari dans l'acte ou son consentement par écrit.

**5**

**ARTICLE 308 DU CODE CIVIL**
La femme contre laquelle la séparation de corps sera prononcée pour cause d'adultère sera condamnée par le même jugement, et sur la réquisition du ministère public, à la réclusion dans une maison de correction pendant un temps déterminé, qui ne pourra être moindre de trois mois ni excéder deux années.

**ARTICLE 309 DU CODE CIVIL**
Le mari restera le maître d'arrêter l'effet de cette condamnation, en consentant à _____________ sa femme.

**6**

**COUTUME DE BERGERAC**
« Aucun ne peut estre convenu en action d'injures pour avoir ______ sa femme. D'autant qu'il semble le faire pour bon ______ et pour chastiment et correction. Sinon que l'injure fût si atroce qu'il y eut mort, mutilation ou fraction des membres ou que ladite injure eust été faite avec des armes émoulües ».

**7**

**LA COUTUME DE BRETAGNE**
Les femmes doivent __________ et porter révérence et ________ garder à leur mari de la même manière que les enfants le font à leurs parents ou les vassaux à leur seigneur.

**8**

**ARTICLE 334 DU CODE CRIMINEL DE 1810**
Néanmoins, dans le cas d'adultère, prévu par l'article 336, le _______ commis par l'époux sur son épouse, ainsi que sur le complice, à l'instant où il les surprend en flagrant délit dans la maison conjugale, est excusable.

**9**

**DÉCISION DE 1872 PAR LE TRIBUNAL DE CHAMBÉRY**
L'association conjugale a pour _____ le mari et il est de son devoir, plus encore que de son droit, de _________ la femme, de compléter son éducation morale, lorsqu'elle est jeune, et de prendre avec _________, mais avec fermeté, les moyens nécessaires pour cela. L'appréciation de ces moyens et des circonstances dans lesquelles ils peuvent être nécessaires, ne peut être faire qu'avec une souveraine réserve, et autant la femme doit être protégée contre une brutalité imméritée et persistante, autant il est impossible de ranger toujours parmi les injures et les sévices graves les actes de ______ ou même de ________ maritale.

**Réponses :** 1. obéissance / 2. adultère / 3. concubine / 4. concours / 5. reprendre / 6. frappé / zèle / 7. craindre / honneur / 8. meurtre / 9. chef / diriger / amour / correction / vivacité

MATHS

FORCE 1

# Boy math

**Les réseaux sociaux sont parfois formidables. Sur TikTok, la tendance *boy math* (littéralement «maths des garçons») se moque, gentiment, du manque de logique des hommes et met en lumière leurs comportements misogynes.**

Pour chaque énoncé, détermine si c'est *boy math* ou pas en entourant le bon boulier.

BOY MATH

PAS BOY MATH

**1**

Vouloir zéro enfant et toujours avoir zéro préservatif sur soi

**2**

Se méfier des croqueuses de diamants mais se sentir émasculé si sa partenaire gagne plus

**3**

Penser que nourrir le chien revient à faire 50 % du travail domestique

**4**

Payer 44 milliards de dollars pour une entreprise qui en vaut 25 et, grâce à son esprit entrepreneurial, la transformer en une entreprise qui vaut 8,8 milliards de dollars.

**5**

Mesurer 1 m 70 mais dire qu'on fait 1 m 80

**6**

Dire que les femmes sont trop émotives pour diriger puis frapper dans un mur quand on est contrarié

**7**

Penser que payer une pension alimentaire est une contribution suffisante à l'éducation de ses enfants

**8**

Se moquer de l'astrologie tout en classant les hommes selon les lettres grecques

**Réponses**: il n'y a que du boy math, avec un petit clin d'œil à Elon Musk pour la 4!

TRUE CRIME

# TOUT POUR SAUF MA

## NINA SIMONE : L'INJUSTICE DANS LE COLLIMATEUR

***Artiste de talent, fervente défenseuse des libertés, Nina Simone entre dans la légende un après-midi brumeux des années 70. Retour sur l'incroyable histoire d'une grande voix de la soul, qui avait l'injustice dans le collimateur.***

Au début des années 70, Nina Simone est au sommet de sa carrière. Elle a fait parler d'elle avec *Mississippi Goddam* et *Too be young, gifted and black*, des hymnes puissants et engagés. En ces temps, l'industrie de la musique a pour habitude de se faire de l'argent sur le dos des artistes, particulièrement des femmes noires.
Sans surprise, un des directeurs de la maison de disques essaie de retenir les droits d'auteur durement acquis de Simone. Dommage pour lui, l'artiste est du genre à se battre pour ses droits. Après une bataille de longue haleine pour reprendre le contrôle de sa musique, la sensation du jazz arrive à son point de rupture.
Un après-midi, elle entre dans la salle de réunion fumeuse et se retrouve face à celui qui la vole. N'écoutant que sa conscience, Nina Simone brandit un revolver sur le producteur, lui sommant de lui rendre ce qui lui revient de droit.

**LE DOIGT SUR LA GÂCHETTE, SIMONE DÉFIE LE DIRECTEUR CUPIDE D'UN REGARD PERÇANT.**

La salle retient son souffle. Le métal de l'arme se reflète dans les yeux du producteur. Plus qu'un rapport de pouvoir, c'est une véritable lutte pour la reconnaissance qui se déroule devant les spectateurs, stupéfaits.
Le doigt sur la gâchette, Simone défie le directeur cupide d'un regard perçant. Tremblant, il comprend que cette femme ne reculerait devant rien pour protéger son art, son âme et son indépendance. Il accepte enfin de céder à la diva les droits sur sa musique. Elle quitte la salle. Derrière elle, la tension se ressent dans l'air. La pièce résonne des notes dissonantes d'une industrie cupide qui plie sous le poids d'une artiste avide de justice.

Légende de la musique à la voix incomparable, Nina Simone restera à jamais celle qui a refusé d'être exploitée, ouvrant ainsi la voie à bien des artistes après elle. Ce que l'histoire ne dit pas, c'est si elle était prête ou non à tirer...

## TAYLOR SWIFT : SORTIR DES TÉNÈBRES DE L'INDUSTRIE MUSICALE

***Dans les entrailles de l'industrie musicale, bien loin des strass et des paillettes, se déroule une histoire de trahison et de vengeance qui dépouille, une fois de plus, une artiste de sa voix.***

2005: Taylor Swift a tout juste 15 ans et rêve de vivre de sa musique. Cette année-là, la maison de disques *Big Machine Records* lui promet de réaliser son rêve avec un contrat d'exclusivité. Le succès de l'artiste country pop est fulgurant. Chez *Big Machine*, elle enregistre 6 albums dont les ventes se comptent en dizaines de millions, loin de se douter de la trahison qui l'attendait.

En 2017, après plus de 10 ans de bons et loyaux services, Taylor Swift quitte *Big Machine* pour une autre maison de disques. Problème: *Big Machine* garde précieusement les enregistrements originaux de ses albums et n'a aucune intention de les lui rendre.
L'histoire ne s'arrête pas là! Dans une transaction obscure, *Big Machine* vend les enregistrements à un fonds d'investissement, sans l'accord de la chanteuse. L'affaire laisse à Taylor le goût amer et déchirant de la trahison, et à son producteur quelque 300 millions de dollars.

# LA MUSIQUE, DIGNITÉ !

Loin de se laisser abattre, la star s'engage alors dans un labyrinthe de batailles juridiques, de contrats et de négociations litigieuses pour récupérer ce qui lui appartient. Vous ne voulez pas me rendre ma musique ? Qu'importe, je vais la recréer ! Taylor entreprend un réenregistrement méticuleux de ses premiers albums. En 2021, elle sort *Fearless (Taylor's Version)* : un processus émouvant et cathartique pour la jeune artiste. À chaque enregistrement, c'est un fantôme du passé qui ploie. Sous les yeux admiratifs du monde entier, Taylor Swift s'efforce de renverser la vapeur et d'arracher le contrôle de sa musique aux griffes de l'avidité.

C'est Taylor contre Goliath, un symbole d'espoir et de résilience où une chanteuse se bat contre les magnats de l'industrie, armée de sa voix, de sa guitare et du soutien indéfectible de ses fans.

## SINEAD O'CONNOR : DÉFIANCE SOUS LES FEUX DE LA RAMPE

***3 octobre 1992, 23 h 30 : sursaut sur le plateau du Saturday Night Live. Les lambeaux d'une photo tombent sur la scène. En direct, Sinead O'Connor déchire le portrait du pape Jean-Paul II. Crâne rasé, voix d'ange : plongée dans l'histoire d'une artiste qui refuse de se conformer.***

Dans le monde de la musique, un nom symbolise l'art, la résistance et l'intégrité. Sinead O'Connor, la chanteuse irlandaise à la voix envoûtante, s'est frayé un chemin dans le cœur du public avec un engagement féroce pour défendre les opprimé·es. Engagement qui lui vaudra les foudres d'une industrie trop normée.

En 1990, son interprétation de *Nothing compares 2 U* la hisse au rang de star mondiale. Son crâne rasé fait parler les foules : en s'éloignant des normes de beauté, elle devient symbole de l'anticonformisme. Malgré son succès, O'Connor se heurte aux pontes de l'industrie dans sa quête de contrôle créatif de sa musique.

C'est en 1992, armée d'un masque de détermination solennelle, qu'elle dénonce les abus pédocriminels de l'Église catholique en déchirant une photo du pape, en direct à la télévision. Malgré la noblesse de son geste, c'est toute l'industrie qui lui tourne le dos : les stations de radio boycottent sa musique et ses concerts sont annulés. Une carrière mondiale qu'on cherche à étouffer dans l'œuf.

En pleine tourmente, Sinead O'Connor endosse un nouveau rôle, celui de défenseuse de la santé mentale. Elle encourage celles et ceux qui en ont besoin à demander de l'aide et donne un rare aperçu des ténèbres qu'elle a elle-même combattues, levant ainsi les stigmates sur la santé mentale et les troubles bipolaires.

Toute sa vie, Sinead O'Connor a manié sa plume et sa voix en gardant le contrôle de son travail et de son image, défiant les forces qui cherchaient à dicter son destin. Inébranlable, l'héritage de Sinead O'Connor est celui d'une anticonformiste, un témoignage que la résilience, l'intégrité et la beauté peuvent s'épanouir même dans les recoins les plus sombres de l'industrie musicale.

JURIDIQUE FORCE 1

# Un pas en avant, deux pas en arrière

**Quand une société progresse, il y a toujours une réponse violente du monde conservateur pour ne pas changer le *statu quo*. Malheureusement, c'est ce monde qui fait encore les lois. L'année 2023 a marqué un recul des droits LGBTQ+, particulièrement des personnes transgenres, à travers le monde. Pas de panique, on sait que les avancées sociales ne naissent jamais dans les urnes !**

À l'aide du code ci-dessous, retrouve les noms des pays qui ont trouvé ça sympa de s'en prendre aux queers cette année.

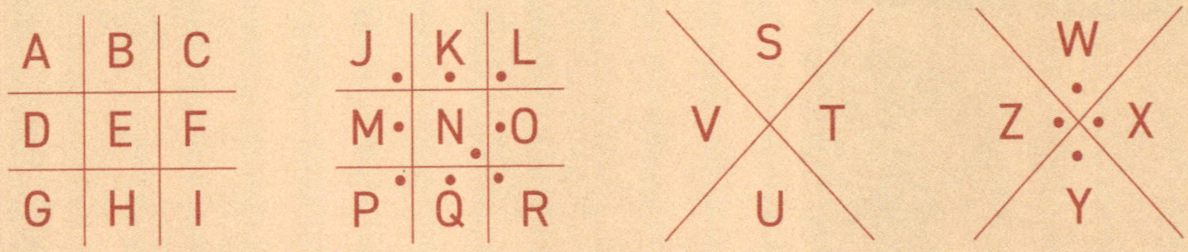


1  ..............................

Début 2023, le ministère de l'Intérieur de ce pays a émis une circulaire demandant aux maires de cesser l'enregistrement des parents non biologiques sur les actes de naissance de leurs enfants, s'en prenant directement aux familles homoparentales.

2  ..............................

Tout au long de l'année 2023, plus de 500 projets de loi attaquant les droits des personnes LGBTQ+ ont vu le jour dans le pays. 75 sont devenus des lois dans 23 États du pays, dont la majorité restreignent drastiquement les droits des personnes transgenres (accès aux soins, changement d'état civil, accès au sport à l'école et même l'utilisation de pronoms ou de toilettes publiques).

3  ..............................

En 2019, le gouvernement inscrit dans la Constitution du pays qu'un mariage ne peut se faire qu'entre un homme et une femme. Il y ajoutera ensuite qu'une famille est composée d'un père cisgenre et d'une mère cisgenre. En avril 2023, le Parlement permet aux citoyen·nes de dénoncer les personnes qui « remettent en cause » le mariage, la famille et le genre tels qu'inscrits dans la Constitution. Heureusement, cette disposition a été annulée un mois plus tard. Le pays reste l'un des plus restrictifs d'Europe concernant les droits des personnes LGBTQ+.

4 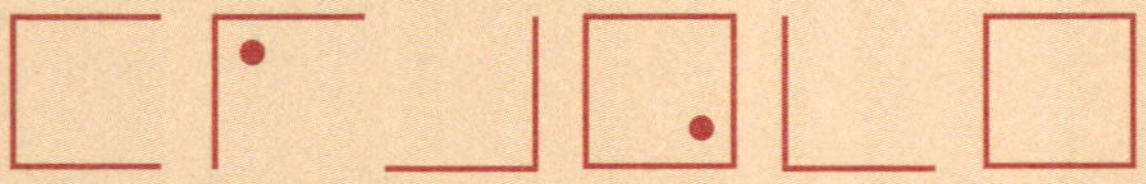 ..............................

Le gouvernement de ce pays souhaite inscrire l'IVG dans la Constitution en ces termes : « *La loi détermine les conditions dans lesquelles s'exerce la liberté garantie à la femme d'avoir recours à une interruption volontaire de grossesse.* » Le terme « femme » exclut les hommes trans et le terme « liberté » ne garantit finalement aucun droit. Joli coup de com' (non).

5 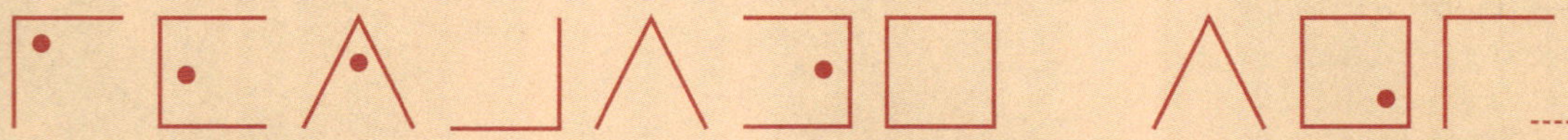 ..............................

Le 6 décembre, l'ancienne Première ministre et actuelle députée du Parti conservateur du pays a présenté un projet de loi visant à interdire aux femmes transgenres d'accéder aux espaces non mixtes et à empêcher toute transition de genre avant 18 ans.

**Réponses :** 1. Italie / 2. États-Unis / 3. Hongrie / 4. France / 5. Royaume-Uni

CINÉ / TV
FORCE 1

# Qui est-ce?

**Sur petit ou grand écran, le sexisme est bien présent. Retrouve qui a dit quoi dans les médias. Un indice pour t'aider: ils sont tous accusés de violences sexistes et sexuelles.**

**1** Ce « monstre du cinéma français » accusé de viol déplore dans une tribune ouverte parue en octobre 2023: « *Aujourd'hui, je ne peux plus chanter Barbara parce qu'une femme qui voulait chanter Barbara avec moi m'a accusé de viol.* »

**Pour qui la vie est-elle devenue si dure ?**

**2** En 2001, cet agent immobilier, future star du PAF, déclarait tranquillement sur le plateau de *C'est quoi l'amour*: « *Le matin, j'aime bien une bonne petite pipe et le soir, un petit mot d'amour, voilà.* » Aujourd'hui, il est accusé de violences par trois de ses anciennes compagnes.

**De qui s'agit-il?**

**3** En septembre 2023, un célèbre réalisateur s'agace à la radio des accusations de viol à son encontre: « *Ce qui m'intéresse, c'est de faire des films. J'ai 64 ans. Il doit m'en rester deux ou trois. Si je pouvais les faire tranquillement, ça m'arrangerait.* »

**Quel pauvre bichon est embêté par ses vilaines victimes présumées ?**

**4** L'inversion de la culpabilité est un classique dans la défense des hommes accusés de violence. Sur un plateau télé en mars 2021, ce présentateur de JT en joue: « *Je me demande: "Qu'est-ce qui se passe dans la tête de cette femme pour que, tout d'un coup, de ce qui semblait être une admiration, une forme de fascination, comme ça existe malheureusement beaucoup dans nos métiers [...], se transforme tout d'un coup en fixation?"* »

**De qui s'agit-il?**

**Réponses:** 1. Gérard Depardieu / 2. Stéphane Plaza / 3. Luc Besson / 4. Patrick Poivre d'Arvor

HISTOIRE
FORCE 2

# Les femmes n'ont jamais rien inventé

**Innovantes, elles sont les inventrices des objets de notre quotidien. Les femmes sont particulièrement invisibilisées dans les sciences, et alors quand elles sont noires, c'est encore pire.**

Retrouve les femmes noires qui se cachent derrière ces inventions en remettant les lettres dans le bon ordre.

**1**

Holyns Raanck Jines, inventrice de la fibre optique

S_ _ _ _ _ _ A_ _ J_ _ _ _ _ _

**2**

Marvelsa Tehoi, inventrice des films 3D

V_ _ _ _ _ _ T_ _ _ _ _

**3**

Mald New Nady, inventrice de la brosse à cheveux en poils synthétiques

L_ _ _ D. N_ _ _ _ _

**4**

Repack Helira, inventrice du chauffage central au gaz

A_ _ _ _ H. P_ _ _ _ _

**5**

Roe Shanabo, inventrice de la planche à repasser

S_ _ _ _ B_ _ _ _

**Réponses:** 1. Shirley Ann Jackson / 2. Valerie Thomas / 3. Lyda D. Newman / 4. Alice H. Parker / 5. Sarah Boone

LANGUE / LITTÉRATURE
FORCE 3

# Louise Colet, féministe moderne du XIX^e siècle

**Louise Colet, née Louise Révoil, est une autrice du XIX^e siècle. Autrice prolifique et reconnue, elle tient un salon fréquenté par Victor Hugo, Alfred de Musset ou encore Charles Baudelaire. Aujourd'hui, on se souvient d'elle surtout pour avoir été l'amante de Gustave Flaubert, et c'est rageant ! Tour à tour poétesse, romancière, essayiste ou biographe, elle est aussi une républicaine et féministe engagée qui décrit la condition des femmes comme personne.**

**Remets les citations dans l'ordre pour en savoir plus sur la vie de l'incroyable Louise Colet !**

## 1

Traitée de « bas-bleu » par beaucoup de ses contemporains qui jugeaient sa plume trop sentimentale, Louise Colet a pourtant remporté des prix de l'Académie et le soutien de certains auteurs éclairés. Dans une lettre, Victor Hugo lui écrit :

*« Merci de m'avoir fait lire ces nobles vers ; en les lisant je me sens moins exilé. Où est la poésie est la patrie. Vous m'apportez la poésie.*

est viril | d'être féminin | sans cesser | Votre poème

« »

## 2

Tu n'as jamais entendu parler de Louise Colet ? Ce n'est pas étonnant, les autrices ont longtemps été boudées par les historiens qui jugeaient leur travail anecdotique. Bien consciente de ce biais, Louise Colet se fait biographe. Dans *Deux femmes célèbres* (1847), elle écrit :

N'est-ce pas | à revendiquer | trop souvent méconnues | une plume

par la prospérité ? | qui tiennent | ces touchantes et nobles mémoires | aux femmes

«

»

*« Les femmes sont un peu traitées par les historiens et les moralistes comme on traite les nations vaincues, c'est-à-dire que leur personnalité s'efface, disparaît, ou tout au moins se confond dans celle de l'homme qui les a dominées. »*

**3**

Au cours de sa vie, elle écrit de très beaux poèmes sur la condition des femmes. Son poème « La femme », dans le recueil Ce *qui est dans le cœur des femmes* (1852) lit :

L'homme | Nous sommes | sur nous | esclavage | de l'antique

le droit | un débris | d'outrage | a toujours gardé

« 

 »

**4**

Elle dédie souvent son travail à celles qu'elle considère comme ses sœurs. Dans Ce *qu'on rêve en aimant* (1854), on peut lire la déclaration sorore « Aux femmes » :

*« Femmes, à vous mes chants, ma pitié, mon amour,*
*Toutes vous me semblez une part de moi-même,*

sœurs | et toutes | Je lis | tour à tour, | et les peins

dans | Toutes | je vous aime | vous m'êtes, | vos douleurs

« 

 »

**5**

Comme sur la scène littéraire, Louise Colet sait se défendre dans sa vie personnelle. En 1840, Alphonse Karr publie un texte dans lequel il affirme que l'enfant que porte Louise Colet n'est pas celui de son mari. Furieuse, elle lui plante un couteau de cuisine dans les reins. Dans un texte expliquant son geste, elle écrit :

un affront : | On | de nous | il n'y a | à l'homme

qui tente | qu'une réponse : | ne réfute pas | déshonorer, | on le tue.

« 

 »

**Réponses :** 1. Votre poème est viril sans cesser d'être féminin. / 2. N'est-ce pas aux femmes qui tiennent une plume à revendiquer ces touchantes et nobles mémoires trop souvent méconnues par la postérité ? / 3. Nous sommes un débris de l'antique esclavage. L'homme a toujours gardé sur nous le droit d'outrage / 4. Je lis dans vos douleurs et les peins tour à tour, Toutes vous m'êtes sœurs, et toutes je vous aime / 5. On ne réfute pas un affront : à l'homme qui tente de nous déshonorer, il n'y a qu'une réponse : on le tue.

# Classez-moi dans la variet'

**On pense (à tort) que le rap est la musique misogyne par excellence. Pourtant rien n'est moins vrai. Le rap est avant tout une musique d'émancipation et quand on observe de près les paroles de nos monuments de la chanson française, on manque de s'étouffer! À toi de deviner si les citations suivantes sont extraites de musique rap ou variété!**

**1**

Sous les coups de boutoir des ligues féministes
La moitié des messieurs brûle d'être onaniste,
L'autre d'aller s' faire enculer.

RAP OU VARIÉTÉ ?

**2**

Je n'étais qu'un fou, mais par amour
Elle a fait de moi un fou, un fou d'amour
Mon ciel c'était ses yeux sa bouche
Ma vie c'était son corps son corps
Je l'aimais tant que pour la garder
Je l'ai tuée pour qu'un grand amour
Vive toujours

RAP OU VARIÉTÉ ?

**3**

Au fond de son lit un macho s'endort
Qui ne l'aimera pas plus loin que l'aurore
Mais elle s'en fout elle s'éclate quand même
Et lui ronronne des tonnes de « Je t'aime »

RAP OU VARIÉTÉ ?

**4**

Mais les femmes toujours
Ne ressemblent qu'aux femmes
Et d'entre elles les connes
Ne ressemblent qu'aux connes
Et je n'suis pas bien sûr
Comme chante un certain
Qu'elles soient l'avenir de l'homme

RAP OU VARIÉTÉ ?

**5**

Pas besoin de beaucoup mais pas de peu non plus
Par le biais d'un billet fou, lui faire savoir que j'n'en peux plus
C'est le cas du kamikaze, c'est l'ABC du condamné
Le légionnaire qui veut l'avantage des voyages sans s'engager, hé
Elle est si frêle esquive sous mes bordées d'amour
Je suppose qu'elle suppose que je l'aimerai toujours
Le doigt sur l'aventure, le pied dans l'inventaire
Même si l'affaire n'est pas sûre, ne pas s'enfuir, ne pas s'en faire

RAP OU VARIÉTÉ ?

**6**

L'argent a tout, tout, tué
Même pour aimer, il faut payer

RAP OU VARIÉTÉ ?

**7**

Mais si j'dis ça, je casse mon image
Ce s'rait dommage. (2x)
Mais si j'dis ça, je casse mon image
Ce s'rait dommage d'être au chômage à mon âge
J'veux du cuir: pas du peep show, du vécu
J'veux des gros seins, des gros culs
J'veux du cuir
Sade et Shade et Suzy Q
Arrachez, scouts, vos pull-overs
Am'nez le shout, l'éther
Les lames de rasoir, les tubes de colle
Nus sous l'manteau à la sortie des écoles

RAP OU VARIÉTÉ ?

**Réponses :** 1. Variété, Georges Brassens - *S'faire enculer* / 2. Variété, Johnny Hallyday - *Requiem pour un fou* / 3. Variété, Cookie Dingler - *Femme libérée* / 4. Variété, Jacques Brel - *La ville s'endormait* / 5. Variété, Philippe Lafontaine - *Cœur de loup* / 6. Variété, Michel Polnareff - *La michetonneuse* / 7. Variété, Alain Souchon - *J'veux du cuir*

LANGUE / LITTÉRATURE

*FORCE 1*

# En être ou ne pas en être

**La langue française regorge de métaphores. Et quand il s'agit de désigner des personnes queer, elle ne manque pas d'imagination.**

Résous les charades pour découvrir qui « en est » !

**1**
Mon premier n'est pas bas
Mon deuxième sert à la tare
Mon troisième nourrit les veaux
Mon quatrième commence l'alphabet
Mon cinquième est un synonyme de fatigue
Mon dernier n'est pas un poids lourd
Mon tout désigne une personne bisexuelle

Être ____________________________

**2**
Mon premier vient après le sol
Mon deuxième est un « oui » allemand
Mon dernier est une recherche comme celle du Graal
Mon tout désigne un homme homosexuel

Être de ____________________________

**3**
Mon premier est une étendue d'eau aux canards
Mon deuxième est un endroit où on cultive du blé
Mon troisième vient après un
Mon dernier est une onomatopée qui a mal
Mon tout désigne une femme lesbienne

Une ____________________________

## Les chevaliers de la manchette

Au XIXe, certains clubs privés étaient réservés aux hommes. Pour s'y rendre, ils portaient vestes ajustées et jaquettes. L'ordre de la Manchette était l'un de ces clubs, et comme chaque ordre a ses chevaliers, il n'a pas fallu longtemps avant que l'expression chevalier de la Manchette voie le jour pour désigner ceux qui préfèrent la compagnie des hommes.

**Réponses:** Au poil et à la plume (o - poids - lait - a - las - plume) / 2. La jaquette (la - ja - quête) / 3. Marchande d'ail (mare - champ - deux - aïe).

MATHS

*FORCE 2*

# On fait le bilan, carbonement

**On le répétera jamais assez : il faut revoir nos modes de vie pour s'adapter à la crise climatique. Mais connais-tu l'empreinte carbone des choses du quotidien?**

Tu trouveras ci-dessous une liste de choses qui coûtent plus ou moins cher à la planète. Place-les sur l'axe en fonction de leur empreinte carbone!

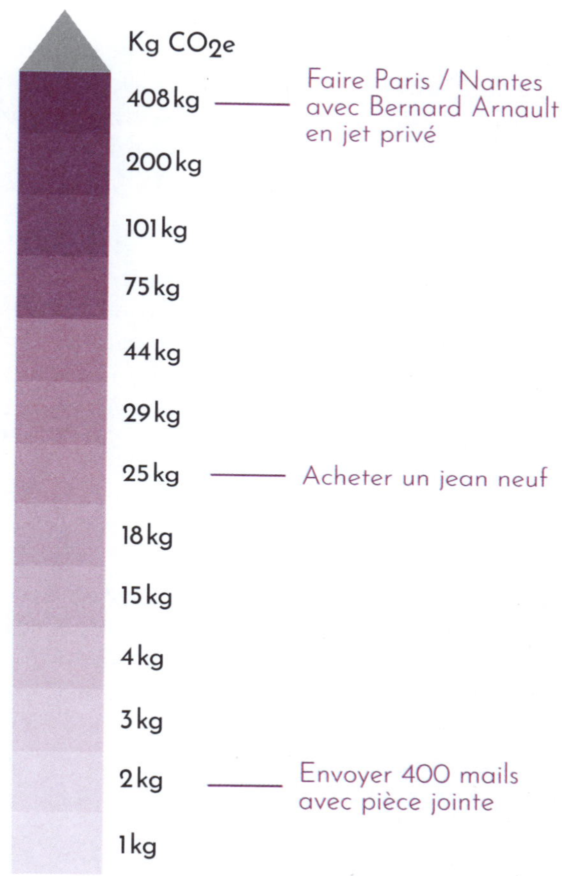


A. Utiliser 15 000 litres d'eau du robinet

B. Faire Paris / Nantes en avion

C. Acheter deux packs de 6 bouteilles d'eau

D. Faire 200 km en voiture

E. Acheter un smartphone neuf

F. Streamer les 19 saisons de *Grey's Anatomy*

G. Faire un aller-retour Paris -Marseille en TGV

H. Manger végétarien pendant deux semaines (28 repas)

I. Manger du bœuf pendant une semaine (14 repas)

J. Acheter un t-shirt neuf par mois pendant un an

**Réponses:** de l'empreinte carbone la plus basse à la plus haute : A / C / G / H / F / E / D / B / I / J

# L'AFFAIRE COTTREZ : L'HORREUR CHEZ UNE FAMILLE ORDINAIRE

**Dans l'ombre d'une vie en apparence ordinaire se cache l'histoire sanglante de madame Cottrez. Cuisinière passionnée et mère apparemment dévouée de deux enfants nés en 1987 et 1988, elle était chérie dans son village.**

En 2010, dans la petite bourgade de Villers-au-Tertre, le couple sans histoire vend sa maison. Les nouveaux propriétaires décident d'installer sur leur nouveau terrain une piscine et font alors une macabre découverte. Des corps sans vie de nouveau-nés dissimulés dans des sacs-poubelle sont déterrés.

Dominique Cottrez avoue immédiatement être à l'origine de cet octuple infanticide.

Dominique Cottrez a dissimulé huit grossesses à son mari, camouflées par son obésité. Cette troublante capacité à mener des gestations secrètes a soulevé de nombreuses questions. Son mari n'était-il vraiment pas au courant ? Rien n'est moins sûr, mais les preuves étaient insuffisantes. Il a donc été déclaré non coupable par la justice.

Monstrueuse en apparence, Dominique Cottrez révèle lors des poursuites une vie sordide.

Au cours de l'expertise psychiatrique, Dominique avoue avoir été victime d'inceste par son père depuis l'âge de huit ans, des abus qui auraient persisté après son mariage. Par ailleurs, ses accouchements ont été entachés d'humiliations médicales, alimentant sa méfiance envers les professionnel·les de santé. Elle reviendra plus tard sur ces allégations d'inceste. Son père étant décédé en 2007, on ne saura jamais la vérité.

Les tests ADN confirment que les nouveau-nés sont bel et bien les enfants de son mari, mais les motivations profondes de madame Cottrez restent un mystère.

Au terme d'une saga judiciaire interminable, Dominique Cottrez a été condamnée en 2015 à une peine de 9 ans de réclusion criminelle et a été libérée en 2018.

CINÉ / TV

FORCE 2

# Mean girl

**Depuis que la fiction existe, les femmes sont diabolisées. À partir d'un très mauvais résumé du film ou de la série et un bref portrait, sauras-tu retrouver ce personnage détestable?**

**1**

C'est une guerre familiale, tout le monde s'aime et se déteste mais surtout tout le monde est pitoyable dans un univers d'ultrariches. Personne n'est épargné par la méchanceté.

Elle est intelligente mais pas assez pour ne pas refaire les mêmes erreurs.

Il s'agit de ..................................................

**2**

C'est l'histoire de meufs méchantes remplies de stéréotypes qui rencontrent une autre meuf gentille mais qui devient méchante puis redevient gentille.

Elle est une reine, à sa façon, ah et elle est blonde.

Il s'agit de ..................................................

**3**

Une meuf raconte sa vie et est payée pour le faire, mais elle raconte aussi beaucoup la vie de ses copines qu'elle retrouve souvent pour le brunch.

C'est avec elle que j'ai appris que le sperme avait un goût en fonction de ce que tu manges (true story) et c'est la mal-aimée de la fiction.

Il s'agit de ..................................................

**4**

Des gens font des trucs pas ouf genre meurtre et on s'évertue à cacher tout ça.

Elle est prof avec des petits soucis de santé mentale et d'alcoolisme.

Il s'agit de ..................................................

**Réponses:** Shiv, *Succession* (stéréotype de la connasse, elle n'agit pas différemment de ses frères, mais bon, elle ça passe moins bien, là où on arrive à éprouver de la tendresse pour ses frères) / 2. Regina George, *Lolita malgré moi* (stéréotype de la *mean girl* du lycée, aucune comédie de lycée n'a échappé à ce personnage) / 3. Samantha Jones, *Sex and the city* (stéréotype de la salope à la sexualité positive mais vulgaire et sans autre personnalité – il faudra attendre les dernières saisons et son cancer pour la voir autrement) / 4. Annalise Keating, *How to Get Away With Murder* (stéréotype de la *angry black woman*, un personnage qu'on n'aime pas, rien ne donne envie de l'aimer, elle est toujours dans la confrontation).

MATHS

FORCE 3

# L'inégalité est dans le pré

**En France, certains secteurs sont encore plus touchés par les inégalités. C'est le cas dans l'agriculture. Résous les problèmes suivants pour voir que, dans le monde agricole, les calculs ne sont pas bons du tout !**

**A**

En France en 2019, l'INSEE recense 400 000 agriculteur·ices en France, dont 73 % d'hommes. Combien de femmes agricultrices y a-t-il en France ?

**B**

En France, les agricultrices gagnent en moyenne 29 % de moins que leurs homologues masculins. Lorsqu'un agriculteur touche 1 650 € par mois, combien touche une agricultrice ?

**C**

En 2018, la retraite des hommes non-salariés agricoles s'élève en moyenne à 459 € par mois. Celle des femmes est inférieure de 26,4 %. Quel est le montant de la retraite mensuelle des agricultrices ?

**D**

On compte environ 10 000 agricultrices bio en France, dont 45 % travaillant avec leur conjoint. Dans ce cas de figure, 80 % des femmes gèrent l'administratif et la comptabilité de l'exploitation. Combien d'agricultrices bio cela représente-t-il ?

**E**

En 2017, la Mutualité sociale agricole (MSA) révèle qu'environ 140 300 femmes d'exploitants n'ont pas un statut de non-salariées agricoles donc ne sont pas correctement protégées. Pourtant, elles participent activement à la gestion de l'exploitation. Sur une échelle de 1 à 10, à combien ça t'étonne ?

## Le savais-tu ?

Les femmes agricultrices sont bien plus actives dans la lutte contre le réchauffement climatique que les hommes. Elles sont très engagées dans l'agriculture bio, privilégient les circuits courts et la vente directe et s'endettent moins, malgré les inégalités de revenus ! Pourtant, elles doivent se heurter au *statu quo* du monde agricole, sans parler des violences qu'elles subissent, encore plus nombreuses que dans d'autres secteurs.

**Réponses :** A. 108 000 / B. 1 172 € / C. 338 € / D. 3 600 / E. 1

SCIENCES
FORCE 1

# Bingo des biais & croyances masculinistes

**Le masculinisme, un mouvement qui prend racine dans la haine des femmes, est de plus en plus audible, jusqu'aux plus hautes sphères de l'État. Cette idéologie, en opposition au féminisme, repose sur des biais et des croyances en dépit de toute logique.**

**Quelles croyances as-tu déjà rencontrées?**

| | | | |
|---|---|---|---|
| Les féministes sont matrixées par le féminisme | Pas tous les hommes, moi je suis pas un agresseur | Les médias sont tous des wokistes qui sont pour les hommes sojas et les féministes extrémistes | La justice est du côté des femmes ! |
| Moi aussi j'ai de la charge mentale | Et le sexisme anti-homme ? | Les hommes ont tout inventé | Les hommes doivent protéger les femmes |
| Les hommes vont disparaître avec vos délires féministes | Elle n'avait qu'à pas s'habiller comme une salope | Plus besoin de se battre pour l'égalité hommes-femmes | C'est les hommes qui ont donné des droits aux femmes |
| Les femmes commettent plus d'infanticides | Les hommes sont plus dominants que les femmes, c'est dans la nature | Les fausses accusations qui détruisent la vie des hommes, on n'en parle pas | J'aime pas les femmes * |

* ah non ça ils le disent jamais, mais pourtant c'est souvent ce que reflètent ce genre d'affirmations

La plupart de ces croyances relèvent en fait de biais cognitifs. Voici la définition de quelques-uns d'entre eux!
***Biais de l'angle mort:*** la conviction que ce sont surtout les autres qui succombent à un traitement biaisé de l'information.
***Biais de projection sociale:*** comme moi je ne suis pas comme ça, alors ça n'existe pas.
***Biais médiatique hostile:*** perception par les partisans que les reportages des médias sont biaisés en faveur de l'autre camp.
***Effet Matilda:*** l'effet Matilda est le déni, la spoliation ou la minimisation récurrente et systémique de la contribution des femmes à la recherche scientifique, dont le travail est souvent attribué à leurs collègues masculins
***Biais de projection de groupe:*** perception de son groupe (par rapport à d'autres groupes) comme étant plus typique d'une identité superordonnée partagée.
***Biais de statu quo:*** en communication, le biais de statu quo est le fait de vouloir maintenir une situation. C'est une façon de penser erronée n'impliquant pas de changement dans la vie courante. Ce biais se manifeste lors de l'apport de nouveaux éléments qui sont susceptibles de changer une situation.
***Biais du rasoir d'Ockham:*** privilégier une information simple plutôt que réfléchir à la complexité
***Biais de négativité:*** tendance à retenir et accorder davantage d'importance aux informations négatives

# Ton film de Noël

**Bon ok, on est loin de Noël, mais peut-on faire plus cliché qu'un téléfilm de Noël ? Non! Alors en fonction de ton signe, ton ascendant et ta lune, compose ton film de Noël.**

| | SIGNE<br>*LE PERSONNAGE PRINCIPAL* | ASCENDANT<br>*LA RENCONTRE* | SIGNE LUNAIRE<br>*LA FIN* |
|---|---|---|---|
| BÉLIER | Tu es spécialiste en marketing et tu dois rentrer dans ton village d'enfance pour les fêtes de Noël. | Tu fonces dans une personne par accident. | Tu tombes sous le charme du·de la prince·sse après être devenu·e le·a nounou de la dernière-née de la famille royale et deviens l'attaché·e de presse de la principauté. |
| TAUREAU | Tu travailles pour une grosse société d'audit qui organise un voyage d'entreprise dans une station de ski. | Tu tombes devant une personne. | Tu te rends compte que le travail n'est pas une vie, et décides de quitter la grande ville pour ouvrir un coffee-shop dans ta ville natale. |
| GÉMEAUX | Tu dois fermer ton magasin d'antiquités dans la grande ville et tu reviens vivre déprimé·e chez tes parents. | Tu t'engueules avec une personne. | Tes parents biologiques sont mort·es, mais tu découvres un frère biologique, qui a un·e meilleur·e pote dont tu tombes sous le charme et décide de t'installer dans la ville de tes parents biologiques. |
| CANCER | Tu dois organiser un repas de Noël pour un riche client exigeant. | Tu es dans la file d'attente de ton café devant ou derrière elle/lui. | Tu décides de ne pas revendre l'entreprise familiale qu'on t'a confiée puisque tu tombes amoureux·se du·de la gérant·e. |
| LION | Suite à la mort d'un parent, tu dois te rendre dans la ville de ton enfance pour vendre l'entreprise familiale. | Ton chien court après le sien. | Tu réapprends à aimer Noël et tu as le coeur brisé de devoir retourner à la grande ville, mais finalement tu restes parce que ONE LIFE. |
| VIERGE | Après un choc émotionnel dû à une rupture tu perds le goût de la musique, alors que t'es un·e violoniste de renom et tu es incapable de monter sur scène. Tu te rends chez ta mère avec le projet d'abandonner la musique. | La personne qui s'occupe de l'auberge où tu loges. | Tu décides de quitter ta vie d'avant pour embrasser une nouvelle vie qui finalement a toujours fait partie de toi et remplit enfin le vide laissé en toi. |

À toutes les femmes de ta vie et puis des nôtres aussi. Mais surtout à nous.
Et puis évidemment merci à Candice, notre éditrice et à Ariane, notre maquettiste.

Ouvrage dirigé par Candice Roger
Conception graphique et mise en page: Ariane Galateau
© 2024, Hugo Image,
département de Hugo Publishing
34-36, rue La Pérouse, 75116 Paris.
www.hugopublishing.fr

Crédits illustrations et photos: la couverture et les illustrations pages 5, 13, 18, 51, 57, 66 et 78 sont des dessins originaux de Sabrina Erin Gin. Le reste des illustrations proviennent de ©Shutterstock.
Sauf pour les photos suivantes: page 9: ©Wikimedia Commons/Amano1; page 10: ©Wellcome Collection; page 14: ©Wikimedia Commons (Bibi Titi Mohamed), ©Wikimédia France/Fonds Françoise Foliot (Aoua Kéita), ©Wikimedia Commons/Somebody040404 (Kimpa Vita), ©Nordiska museet/Sallstedts Bildbyra (Miriam Makeba), ©Wikimedia Commons/ UNESCO (Funmilayo Ransome-Kuti); page 15: ©ETH-Bibliothek; page 36: ©Wikimedia Commons/UCLA Library Digital Collections/ Los Angeles Times/ 0m9Ep (Alexandre Pantages), ©Wikimedia Commons/UCLA Library Digital Collections/ Los Angeles Times/Holly Cheng (Eunice Pringle); page 37 : ©Popular Science Monthly Volume 56 (Vue de Dawson City), ©Wikimedia Commons/historicphotoarchive.com/Shotwell (Portrait de Katherine « Klondike Kate » Rockwell); page 55: ©The National Archives UK (Lady cyclists riding down hill); page 69: ©Wikimedia Commons/The Man in Question (Annie Jones poster), ©Meserve-Kunhardt Foundation (Annie Jones et sa mère). Sauf pour l'illustration suivante: page 54: ©Wikimedia Commons/Wilhelm Siegrist/1970gemini (Draisine1817), ©publicdomainpictures.net /Martina Stokow (Belle Epoque Vintage Art).

Crédits des tableaux: page 28: ©Musée Carnavalet - Histoire de Paris ; page 29: ©Wikimedia Commons/Galerie des Offices/Web Gallery of Art; page 30: ©Wikimedia Commons/Art Renewal Center/PKM (La Fiancée Hésitante), ©Wikimedia Commons/Museum of Montserrat/ESM (Jeune Décadente), ©The Met (Lucia, Lachrymae, The Love Letter, The Disillusioned Medea, Jo, La Belle Irlandaise, Head of a Young Woman, A Rose), ©Wikimedia Commons/National Portrait Gallery/EurekaLott (Self-Portrait with Rita), ©Wikimedia Commons/Cecilia Heisser/Nationalmuseum (Portrait d'une violoniste), ©Wikimedia Commons/The Athenaeum/ Laurom (Autoportrait en martyre); page 60: ©Wikimedia Commons/Oxygene Tetouan (Sayyida al Hurra), ©Wikimedia Commons/The Met/Pharos (Barberousse); ©Wikimedia Commons/The Met/TemboUngwe (La Madeleine dans le desert); page 68 : © Wikimedia Commons/Wellcome Collection gallery/Fæ (Le Chevalier D'Éon, a man who passed as a woman: shown half, gravure), ©Wikimedia Commons/Wellcome Collection gallery/James Gabriel Huquier/Fæ (F Le Chevalier D'Éon, a man who passed as a woman. Reproduction); page 86: ©Wikimedia Commons/Franz Xaver Winterhalter/ Versailles, châteaux de Versailles et de Trianon/Guise.

Tous droits réservés. Nulle partie de cette publication ne peut être reproduite, enregistrée, transmise de quelque façon que ce soit ni par quelque moyen qu'il soit, sans autorisation préalable de l'auteur.

ISBN: 9782755675757
Dépôt légal: mai 2024
Imprimé par ESTELLAPRINT

| | SIGNE<br>*LE PERSONNAGE PRINCIPAL* | ASCENDANT<br>*LA RENCONTRE* | SIGNE LUNAIRE<br>*LA FIN* |
|---|---|---|---|
| BALANCE | Tu es à la recherche de tes parents biologiques et ça te conduit dans une petite ville atypique. | Tu as un accident et la·le médecin de campagne s'occupe de toi. | Par un miracle de Noël tu découvres ton homosexualité, et il était temps. |
| SCORPION | Tu détestes Noël, mais tu viens de décrocher un contrat pour organiser un festival de Noël dans la ville de ton enfance. | Tu te portes volontaire pour la fête de Noël qui ne pourra pas avoir lieu sans toi et tu rencontres l'organisateur·ice adoré·e. | Ta chienne a été engrossée par son chien et c'est comme ça que vous êtes tombé·es amoureu·x·ses après vous être pris longuement la tête et tu décides de t'installer dans cette petite ville. |
| SAGITTAIRE | Tu adores Noël où tu retrouves ta famille dans la banlieue d'une grande ville. | Dans l'avion, une personne s'assoit à côté de toi. | Tu reprends l'entreprise familiale avec l'aide de la personne de tes rêves. |
| CAPRICORNE | Journaliste d'investigation, tu pars dans une petite principauté pour enquêter sur le·a prince·sse bourreau des coeurs. | C'est le·a maire de la ville où tu es. | Dernière déconvenue amoureuse, à la ville ou aux champs, un rat reste un rat. |
| VERSEAU | Tu es l'enfant du père Noël qui te missionne pour le remplacer parce qu'il a une jambe dans le plâtre. | C'est l'enfant chéri du village dont tout le monde te parle. | Tu retrouves goût à la musique que tu avais mise de côté et choisis de devenir prof de musique dans ta ville natale après avoir rencontré le·a médecin de la ville plus que charmant·e. |
| POISSONS | Workaholic, tu n'as pas le choix et dois prendre des vacances pour la première fois depuis 15 ans parce que ta boss t'y oblige. | C'est la personne qui prend la même bouteille de jus de fruits à l'épicerie que toi, alors qu'il n'en reste qu'une. | Tu gagnes au loto et sauve le village de ton enfance de la faillite, mais t'es toujours single as fuck, mais riche, mais célib. |